歴史文化ライブラリー
268

邪馬台国
魏使が歩いた道

丸山雍成

吉川弘文館

目　次

邪馬台国への魏使の通路

邪馬台国推定地の遺跡と遺物

交通史と邪馬台国——プロローグ

『魏志《ぎし》』倭人伝《わじんでん》は、ふつう『魏志倭人伝』とも書かれるが、正確には『三国志』巻三十「魏書」烏丸《うがん》・鮮卑《せんぴ》・東夷《とうい》伝第二十倭人条を簡略化した呼称である。後漢につぐ三国時代の歴史を編述した『三国志』は、西晋《せいしん》の歴史家、陳寿《ちんじゅ》（二三三〜二九七）によるものであるが、後の『三国志演義』などが魏の曹操、蜀の劉備玄徳、呉の孫権などの名君、これを支える宰相武将らを活写したこともあり、後世の日本人にも特に人気のある時代の書物となった。

この『三国志』、特にそのなかの『魏志』倭人伝の記事が、邪馬台国《やまたいこく》の女王卑弥呼《ひみこ》を中心とした、倭の諸国の政治・経済・社会状況まで簡明に描き、それが日本最古の『古事《こじ》

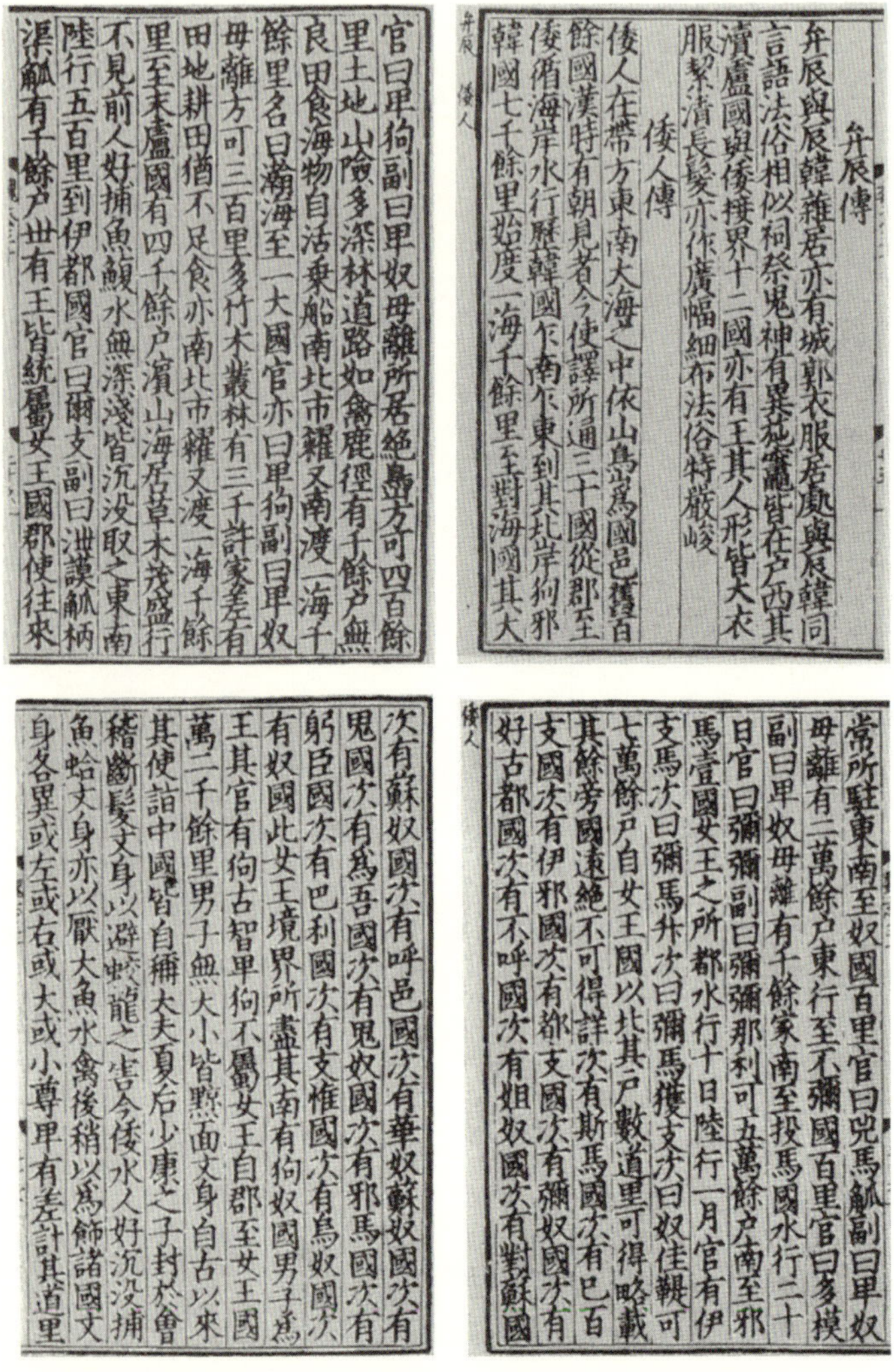

弁辰傳
弁辰與辰韓雜居亦有城郭衣服居處與辰韓同
言語法俗相似祠祭鬼神有異施竈皆在戸西其
瀆盧國與倭接界十二國亦有王其人形皆大衣
服絜清長髮亦作廣幅細布法俗特嚴峻
倭人傳
倭人在帶方東南大海之中依山島爲國邑舊百
餘國漢時有朝見者今使譯所通三十國從郡至
倭循海岸水行歴韓國乍南乍東到其北岸狗邪
韓國七千餘里始度一海千餘里至對海國其大

官曰卑狗副曰卑奴母離所居絶島方可四百餘
里土地山險多深林道路如禽鹿徑有千餘戸無
良田食海物自活乗船南北市糴又南渡一海千
餘里名曰瀚海至一大國官亦曰卑狗副曰卑奴
母離方可三百里多竹木叢林有三千許家差有
田地耕田猶不足食亦南北市糴又渡一海千餘
里至末盧國有四千餘戸濵山海居草木茂盛行
不見前人好捕魚鰒水無深淺皆沈没取之東南
陸行五百里到伊都國官曰爾支副曰泄謨觚柄
渠觚有千餘戸世有王皆統屬女王國郡使往來

常所駐東南至奴國百里官曰兕馬觚副曰卑奴
母離有二萬餘戸東行至不彌國百里官曰多模
副曰卑奴母離有千餘家南至投馬國水行二十
日官曰彌彌副曰彌彌那利可五萬餘戸南至邪
馬壹國女王之所都水行十日陸行一月官有伊
支馬次曰彌馬升次曰彌馬獲支次曰奴佳鞮可
七萬餘戸自女王國以北其戸數道里可得略載
其餘旁國遠絶不可得詳次有斯馬國次有已百
支國次有伊邪國次有都支國次有彌奴國次有
好古都國次有不呼國次有姐奴國次有對蘇國

次有蘇奴國次有呼邑國次有華奴蘇奴國次有
鬼國次有爲吾國次有鬼奴國次有邪馬國次有
躬臣國次有巴利國次有支惟國次有烏奴國次
有奴國此女王境界所盡其南有狗奴國男子爲
王其官有狗古智卑狗不屬女王自郡至女王國
萬二千餘里男子無大小皆黥面文身自古以來
其使詣中國皆自稱大夫夏后少康之子封於會
稽斷髮文身以避蛟龍之害今倭水人好沈没捕
魚蛤文身亦以厭大魚水禽後稍以爲飾諸國文
身各異或左或右或大或小尊卑有差計其道里

図１　『三国志』巻三十「魏書」東夷伝倭人条（『魏志』倭人伝）

記《き》』（七一二年）・『日本書紀《にほんしょき》』（七二〇年）よりも四世紀半近く早い時期にあたること、しかも『日本書紀』が巻九・気長足姫尊《おきながたらしひめのみこと》（神功皇后《じんぐう》）の箇所に、『魏志』倭人伝の女王卑弥呼と魏との交渉の記事を挿入していることは、卑弥呼＝神功皇后説をも生み、後世の史書などに多少影響するところもあった。

中世においても、邪馬台国への関心は消えることがなかったが、近世の中期以降、新井《あらい》白石《はくせき》・本居宣長《もとおりのりなが》以下の儒学・国学者も女王卑弥呼や邪馬台国の所在論などに関与し、人びとを魅《ひ》きつけた。近代に入ると、久米邦武《くめくにたけ》・内藤虎次郎（湖南《こなん》）の東京・京都両帝大教授以下が、邪馬台国九州・畿内両説に論陣を張り、さらに文献史学者・考古学者によって継承・発展させられることになる。第二次世界大戦後の現代では、日本の国家成立に先行する段階の、卑弥呼の王権や、邪馬台国・倭国の構造・性格究明へと研究が推転する。さらに、宮崎康平（『まぼろしの邪馬台国』）、松本清張（『古代史疑』ほか）らの作家も邪馬台国論争に参加して、国民のあいだに爆発的な関心を喚ぶ導火線ともなったし、象牙の塔の学者のみならず民間の歴史愛好者のあいだにも、みずからの力で解明しようとの積極的動きが起こった。

実際、邪馬台国関係の論著に接するとき、それはまさに汗牛充棟の研究蓄積の観を呈すし、しかも現時点でも毎月一、二冊を下らぬ関係著書が刊行されている。こうした研究の基本方向は、前記の卑弥呼の王権、邪馬台国・倭国の構造特質の究明以外にないはずであるが、その前提をなす邪馬台国の所在論に努力が集中してきたのは、ある意味ではやむをえぬところでもあった。

しかし、邪馬台国論争の推移・激化の過程で、深刻な方法上の問題に逢って、統一不可能な状況から脱却できぬ面もある。たとえば、これまで邪馬台国の九州説は多くの文献史学者に、畿内説は圧倒的多くの考古学者に支持されてきたが、その分岐点は、前者が『魏志』倭人伝の記事内容の正確な検証、解釈に加え、『古事記』『日本書紀』(以下、『記・紀』と略称)にみる神話伝承や天皇歴代の記述には、歴史事実の一部がおぼろ気ながらも投影されている面もあるとして、これをも援用する傾向があるのに対し、後者は『魏志』倭人伝の記事、約二〇〇〇字のみでは実態とその推移を示しえず、考古学資料は年次・名辞を示さぬまでも数多くの実体を部分的ながら明示するとして、その優位性を示す点にあるように思われる。

それだけでなく、邪馬台国＝九州説は『記・紀』への部分的依拠、しかも本居宣長の国学的視点を継承したものとして、かつては非科学的立論と批判されたりした。しかし、畿内説においても、『魏志』倭人伝ならびに考古学的資料の恣意的解釈もみられ、さらに宣長の国学的視点と合致するところがあり、特定視野からの科学・非科学的研究方法との批判など、必ずしも歴史的事実の究明に有効性を持たない面もある。つまるところ、文献史学・考古学的な所与の諸資料を、先入観念を排した厳密な検証、分析によって推論することが、最良の方法というべきだろう。

こうしたことから、これまで日本の近世交通史などに興味を持ってきた私には、邪馬台国論争に直接関与するなど予想だにせず、しかも先入観的に忌避しがちな研究対象でもあった。ところが、在来の論争の膠着《こうちゃく》状態を脱却するためには、邪馬台国の所在論はいちおう措き、まず倭・邪馬台国の権力構造を解明したうえで、所在地を帰納的に決定すべきだとの意見も生じており、また、考古学的知見にもとづく邪馬台国＝畿内論は圧倒的優勢の様相をも呈するようになった。

このことは、『魏志』倭人伝の緻密な文献史学的研究成果をほとんど捨象した研究方法に果たして問題はないのか、それは実相にどれだけ迫りえているのか、こうした状態を招いた文献史学的な解釈に新たに付加すべきものはないのか、等々の問題関心を抱かせるはずである。一般に交通史研究は、その問題関心を、近世から近・現代へ下降させるか、あるいは中世・古代へ溯上させる性向を持っているが、特に古代の律令官道に関する歴史地理学・文献史学・考古学の有機的研究方法に魅きつけられて参加しているうち、私もいつしか、これに先行する邪馬台国の時代、中国の魏使がこの地へ来訪する経路や当時の倭人の国家的構造、生活実態に関心を持つようになった。

本書では、魏使が邪馬台国へいたる道筋を、交通史学と隣接分野の研究方法および成果を援用しながら、邪馬台国をめぐる問題に接近しようと思う。

邪馬台国の研究史

その発生と現状

前近代の邪馬台国論

本章では先の『日本書紀《にほんしょき》』以下の諸書などにみる、『魏志《ぎし》』倭人伝《わじんでん》の引用記事や邪馬台国《やまたいこく》、女王卑弥呼《ひみこ》などに関する議論などに簡単にふれておこう。

古代の邪馬台国論

『日本書紀』巻九・気長足姫尊《おきながたらしひめのみこと》（神功《じんぐう》皇后）の三九年・四〇年・四三年条には、「魏志云」として、それぞれ「明帝の景初三年六月、倭の女王、大夫難斗米《なんとまい》等を遣わし、郡に詣《いた》り、天子に詣りて朝献せんことを求む。太守鄧夏《とうか》、吏を遣わして将《も》って送り、京都に詣らしむ」、「正始元年、建忠校尉梯儁《けんちゅうこういていしゅん》等を遣わし、詔書・印綬を奉じて、倭国に詣らしむ」、「正始四年、倭王、復《また》使の大夫伊聲者《いせいしゃ》・掖耶約《えきややく》等八人を遣わして上献す」と記している。

このほか、六六年条には「是年、晋の武帝の泰初二年なり。晋の起居注《ききょちゅう》に云わく、武帝の泰初二年十月、倭の女王、訳《おさ》を重ねて貢献せしむという」とみえる。この「魏志云」「晋起居注云」を後人の書き加えとする説もあるが、いずれも『日本書紀』に当初から記載されたとみられる（『書紀』が神功皇后説を出したことは、邪馬台国が畿内大和を居所としていたこと、すなわち畿内大和説の濫觴《らんしょう》ということになる）。

平安時代、矢田部宿禰《やたべのすくね》公望《きんもち》の『日本書紀私記』（八一三年）は、日本を「東海女国《じょこく》」「東

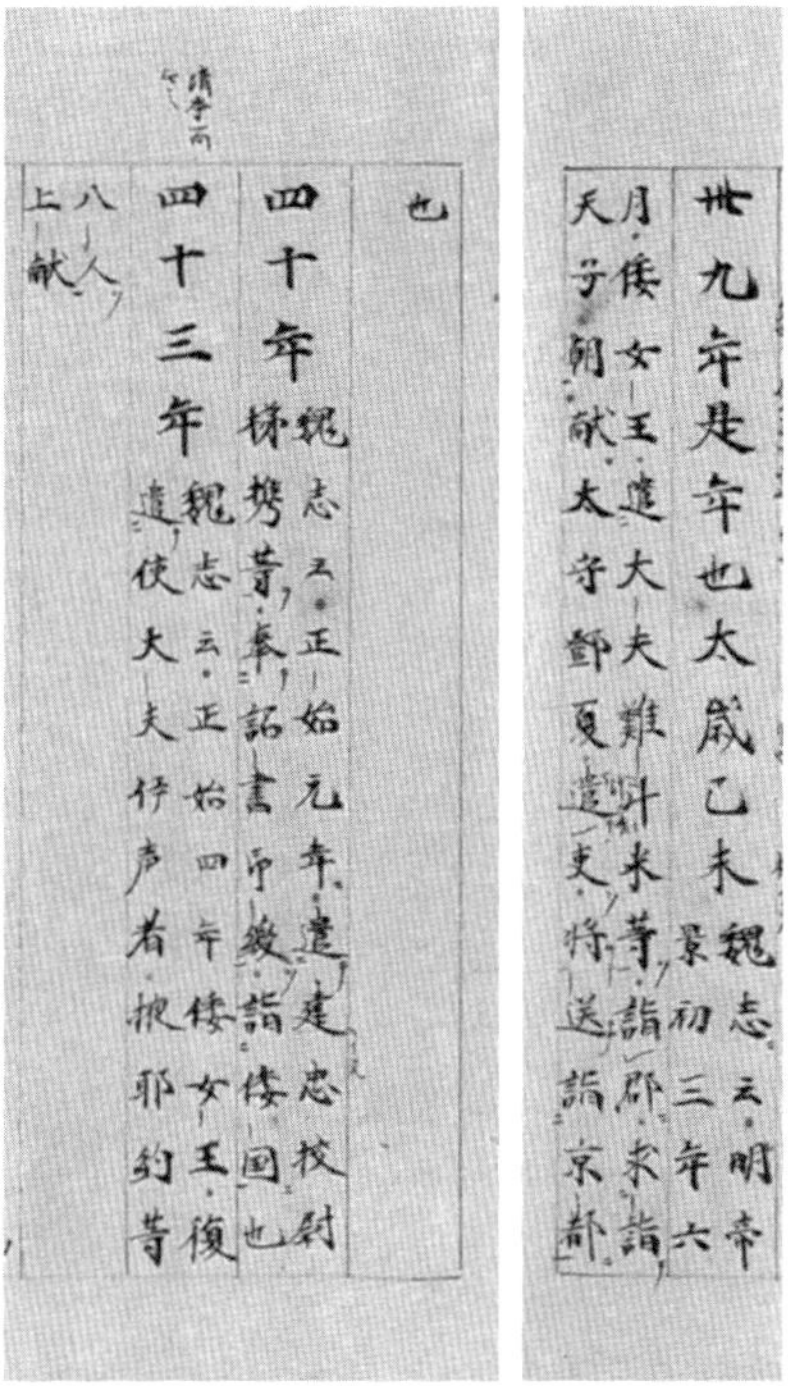

図２　『日本書紀』巻九の神功皇后紀
三十九年・四十年・四十三年条

海姫氏国」ともする解釈に関する論議のなかで、「神功皇后は又女帝なり」としながらも、これを卑弥呼に比定したわけではないが、鎌倉時代中期の卜部兼方《うらべのかねかた》『釈日本紀《しゃくにほんぎ》』（一二七五〜一三〇一年の間）も、神功皇后を「女王」とする以外は、矢田部説を継承している。南北朝時代、北畠親房《きたばたけちかふさ》はその『神皇正統記《じんのうしょうとうき》』において、神功皇后が息長宿禰の女、開化《かいか》天皇四世の孫であるとし、『後漢書《ごかんじょ》』に「倭国の女王、使を遣わして来朝す」との記事がみえるとして、神功皇后＝倭の女王卑弥呼だと推定した。もっとも、同書にこの記事はないが、彼はさらに同書の「大倭王は耶麻堆に居す」との記事をふくめ、卑弥呼すなわち神功皇后が後漢末に同国とも通交していたと考えたのである。

中世の邪馬台国論

戦国時代の初頭、瑞渓周鳳《ずいけいしゅうほう》の撰述した『善隣国宝記《ぜんりんこくほうき》』（一四七〇年）は、『神皇正統記』の所説を引用しながら、倭が女王国の名で東海の中に在りとして、垂仁《すいにん》天皇の八八年条、景行天皇の四四年条に『後漢書』の記事を示し、さらに神功皇后の三八年・四〇年・五二年の各条に『魏志』倭人伝の記事を引用している。神功皇后の時代については、「魏志曰」として、それぞれ「明帝の景初二年、倭の女王、難斗《（升）》米等を遣わして、生口《せいこう》・班布《はんぷ》を献ず。魏王、金印・紫綬《しじゅ》を仮《か》し、錦《にしき》・罽《けい》等を以て献ずる所に答う」、「斉王芳の正始元年、魏の建中校尉梯儁等を遣わして、詔書・印綬を奉じて国に詣《いた》り、金・帛・錦・罽等を賜う。倭王、因《よ》りて表《ひょう》を上《たてまつ》り、詔恩に答謝す」、「倭王、復、使を遣わして生口・倭錦《わきん》等を献ず」と、『魏志』倭人伝の本文を要約した文章である。

周鳳は、さらに同五二年条を立てて、「倭王、復、使を遣わして生口・白真珠を献ず」と要約文を挿入しているが、『魏志』倭人伝の本文は「壹與《いよ》、倭の大夫《たいふ》率善《そつぜん》中郎将《ちゅうろうしょう》掖邪狗《えきやく》等二十人を遣わして、政等《せいら》の還るを送らしむ、因って臺《だい》に詣り、男女の生口三十人を献上し、白珠五千孔・青大句珠二枚・異文雑錦《いもんざつきん》二十匹を貢す」にあたる。この五二年条と六六年条の「晋起居注」の記事から、周鳳が『日本書紀』引用の「魏志云……」を参照しなかったとの説もあるが、検討を要しよう。しかし、同人が神功皇后＝卑弥呼説をとっていることは明らかである。なお、文中の「臺」は、うてな（方形の高台地・高殿《たかどの》）・つかさ（中央官省・朝廷）・みささぎ（陵墓）の意だが、ここでは朝廷をさし、邪馬臺国のそれも女王卑弥呼の居処がある国ということになる。

近世の邪馬台国論

江戸時代に入ると、邪馬台国論は、かの新井白石《あらいはくせき》・本居宣長《もとおりのりなが》という儒学・国学の両巨頭の参加によって新段階に達する。その前に、松《まつ》下見林《したけんりん》は『異称日本伝《いしょうにほんでん》』（一六九三年）において、卑弥呼は神功皇后すなわち息気長足姫尊の訛伝《かでん》だとし、女王が男王と和せずというのは忍熊王《おしくまのみこ》の背反とみたが、さらに『魏志』倭人伝の卑弥呼の死後の記事、「循葬する者、奴婢《ぬひ》百余人」、「宗女壹與の事」に関して、神功皇后の史例を挙げてつよく批判していた。

これに若干おくれて、新井白石は『古史通或問《こしつうわくもん》』（一七一六年）において、見林が「忍熊王の反」とする見解を批判する一方、『魏志』のいう倭の女王卑弥呼のはじめての奉献を神功皇后とする説は継承しながらも、皇后の魏への遣使年を、『魏志』が景初二年とする記事は正始四年の誤りだと指摘する。とはいえ、彼は『日本書紀』よりも『魏志』をはるかに高く評価し、仙台藩儒佐久間洞巌《さくまどうがん》に宛てた書状では「魏志は実録に候」と記し、ここが古学の益あることで第一の要、『日本書紀』などははるかに後年に著作したもので、大方一事も尤もらしいことはない、と述べ、邪馬台国と周辺の国々などを詳論している。当時、白石は邪馬台国を後の大和国とみていたが、晩年の『外国之事調書《とつくにのことしらべがき》』では「筑紫山門《つくしやまと》郡」と記し、邪馬台国＝九州説、それも筑後山門郡説の先蹤《せんしょう》となった。しかし、いずれにせよ、彼が邪馬台国の実証的研究の先駆者であることだけは確かである。

白石の没後、本居宣長は『鉗狂人《けんきようじん》』（一七八五年）において、『魏志』倭人伝の記事に「非なる事いと多し」と批判している。その所論は多岐にわたり、その後の卑弥呼、邪馬台国論などに大きな影響をおよぼした。『馭戎概言《ぎょじゅうがいげん》』（一七九六年）では、息気長足姫尊（神功皇后）のことを中国人が三韓などからの「ひがことまじり」の伝聞をうけて、『魏志』などに卑弥呼として書かれたものである、とする。そして魏の景初・正始年代は姫尊の時世にはあたるが、このときの遣使は皇朝の使ではなく、筑紫《つくし》の南方で勢力を持っていた熊襲《くまそ》などの類が、皇后の御名を騙《かた》って使者を派遣した「偽僭のもの」だ、と主張する。宣長にあっては、『魏志』にみる邪馬台国は当然、畿内（大和）ということになる。

この影響をうけた鶴峰戊申《つるみねしげのぶ》は、『襲国偽僭考《そのくにぎせんこう》』で、大隅噌唹《そお》郡の者が神功皇后を擬して、一女子を立てて王とし、姫尊などと名乗らせたのを、『魏志』などに卑弥呼という名で伝えられた、とした。もっとも、これは和歌山藩儒井田敬之『後漢金印図章』（一七八五年、前年の『後漢金印論』を含む）の所説（「委奴」を「熊襲の属」「西賊の属」とする）の発展ともみられている。なお、戊申は、古墳などの遺跡をも考慮し、卑弥呼の「冢《ちょう》」（径百余歩、殉葬《じゅんそう》百余人）を、噌唹郡に近い薩摩高城《たかき》郡水引郷の中山陵に求めようとした。

近藤芳樹《よしき》『征韓起源』（一八四六年）も、同じく熊襲偽僭説に立っているが、『和名類聚抄《わみょうるいじゅしょう》』から邪馬台国＝肥後の菊池郡山門郷説を導き出す一方、『後漢書』光武帝本紀の倭奴国王が使を遣わして奉献する記事にみる「倭奴」を「オナ」と呼び、沖縄すなわち琉球《りゅうきゅう》のことだとし、「倭国大乱」の記事を景行《けいこう》天皇の熊襲征討の説話に結びつけた。

このように本居宣長以来の論者は、邪馬台国について大和の国を偽称した熊襲偽僭説が多かったが、宣長の系統をひく国学者、伴信友《ばんのぶとも》の『中外経緯伝草稿』（一八〇六年）をみると、邪馬台国＝大和説に立ちつつ、神功皇后の外政を、『魏志』の景初二年六月、倭の女王が大夫難升米《なんしょうべい》《なしめ》らを魏の都（洛陽《らくよう》）・帯方《たいほう》郡に遣わして朝献した記事以下にみる。そして、景初二年が神功皇后摂政三八年、使者は「刺史の如き王」から任じられた「伊都県主《いとのあがたぬし》」だとし、『魏志』倭人伝の路程記事「至」「到」から、魏使は伊都までは到着するも、その先は「参問」の知識によっているので信用できぬとして、奴《ぬ(な)》国以下の諸国はあえて考察の外においている。

いずれにせよ、邪馬台国をめぐる問題は、江戸時代中期の新井白石・本居宣長の見解を継承、深化するかたちで進められ、明治以降、邪馬台国論争がいっそう進展する素地をつくったのである。

近代の邪馬台国論

古代紀年論から邪馬台国論へ

那珂通世《なかみちよ》「上古年代考」（『文』、一八七八年）に始まる日本古代の紀年研究は、邪馬台国《やまたいこく》研究の基礎を確立するとともに、「神功《じんぐう》皇后、卑弥《ひみ》呼《こ》ノ異同」に関する問題なども、邪馬台国論争を大きく盛りあげる契機となった。氏は後の『外交繹史《えきし》』（遺著、一九五八年）において、従来の諸説を網羅的に批判、倭人伝を細かく考証したが、後述の吉田東伍《よしだとうご》氏の影響をうけて、邪馬台国を大隅噌《そ》唹《お》の地とし、神武東遷《じんむとうせん》を疑うことはなかった。

一方、久米邦武《くめくにたけ》「行政三方区の一（鎮西考）」（『史学会雑誌』、一八九〇年〜）では、委奴国は女王国、女王卑弥呼は筑紫国造《つくしのくにのみやつこ》に比定、景行《けいこう》天皇の熊襲《くまそ》征討を女王卑弥呼と狗奴国《くぬこく》の兵戈《へいか》のためだとしたが、星野恒「日本国号考」（同誌、一八九二年）においても、卑弥呼を「西陲《せいすい》ノ一女酋」で、筑後山門郡にいた者とみている。後年、久米氏もこれに従い、さらに北・中部九州などの神籠石《こうごいし》をもって邪馬台国の遺跡、大倭王の宮殿跡と考えた。

また、星野恒氏と同じく、菅政友《すがまさとも》氏も「漢籍倭人考」（同誌、一八九二年）以降、『漢《かん》書《じょ》』『後漢書《ごかんじょ》』『魏志』などの倭人関係の記事を注解して、本居宣長を讃えながらも批判を加え、邪馬台国を大隅・薩摩辺の地、卑弥呼の居所を囎唹郡清水村姫木城とみ、大人《だいじん》・下《げ》戸《こ》、大倭《だいわ》などにふれている。菅氏の説を継いだ地理学者の吉田東伍氏は、『日韓古史断』（一八九三年）において偽僭《ぎせん》説をとり、卑弥呼は熊襲の都、囎唹城にいたとし、さらに『魏志』記載の倭の諸国を比定した。

邪馬台国と卑弥呼の研究は、明治最末期にいたって東京・京都両帝国大学の白鳥庫吉《しらとりくらきち》・内藤虎次郎（湖南《こなん》）両氏の活躍によって大きく開花し、その考証性において画期的なものとなっている。いずれも、晋《しん》の陳寿《ちんじゅ》『魏志』が魏の魚豢《ぎょかん》『魏略』に依拠するという点では共通するが、白鳥氏が『魏志』を当時の人が実際見聞したところの記述が多い点を高く評価したのに対し、内藤氏は『後漢書』も『魏略』の文を切断、誤りを正したとし、それぞれの方法論は邪馬台国＝九州（肥後）・畿内（大和）両説を導き出すことになる。

白鳥庫吉の邪馬台国論

白鳥「倭女王卑弥呼」(『東亜之光』、一九一〇年)は、魏使の女王の都、邪馬台国への道程──特に方位・里数・日数の解釈をおこなっている。方位については、末盧国《まつらこく》より不弥国《ふみこく》にいたる『魏志』の方位に誤謬はあるが、基本的に正確で、奴国《ぬこく》・不弥国より南方と明記された邪馬台国への方位は明らかだとする。また、里数については、『魏志』が「郡(帯方《たいほう》)より女王国にいたる、万二千余里」という数字から帯方郡〜不弥国の里数(計一万七〇〇余里)を差引くと、不弥国〜邪馬台国間は一三〇〇余里にすぎないから、邪馬台国は大和でなく九州地域だと断定した。この場合、帯方郡〜邪馬台国間を古今に比類なき短里で計上して一万二〇〇〇余里の大里をだしたのは、魏使の為にするところで、不弥国〜邪馬台国間は一三〇〇〇余里で水陸三一日ははなはだ多きにすぎるが、これも魏使の誇張とすれば矛盾はない、とする。日数では、魏使が計算に誤りなきを証明するため、不弥国〜邪馬台国間は日数を明載したが、『魏志』の「水行十日・陸行一月」は諸種の理由を挙げて、先学どおり一月は一日の誤写だと断じている。

いずれにしても白鳥氏は、女王国の領域は豊前《ぶぜん》・豊後《ぶんご》・肥前《ひぜん》・肥後《ひご》・筑前《ちくぜん》・筑後《ちくご》の九州の北半で、その都邪馬台国は肥後国の内にあるべきを信じたい、という。一方、女王国の

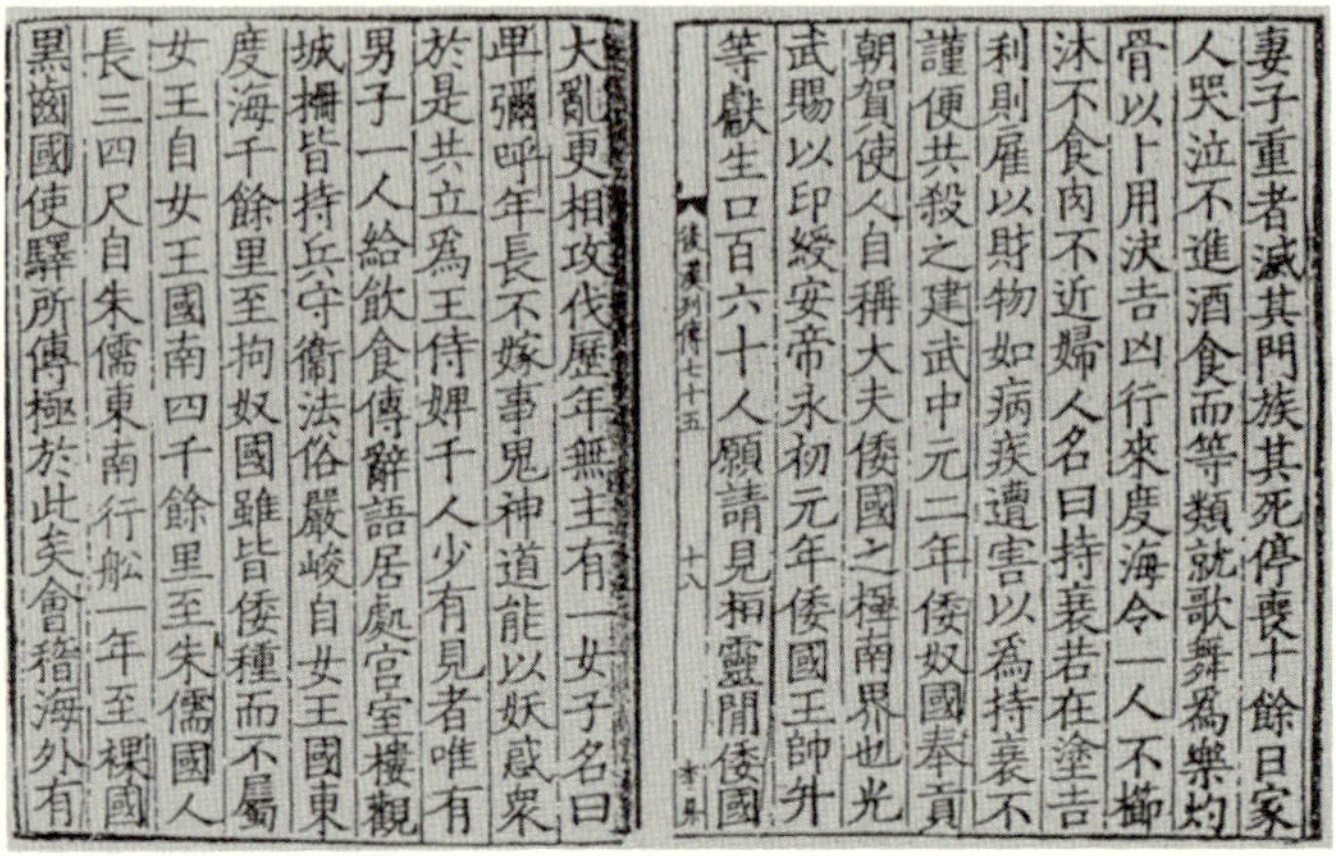
妻子重者滅其門族其死停喪十餘日家
人哭泣不進酒食而等類就歌舞爲樂灼
骨以卜用決吉凶行來度海令一人不櫛
沐不食肉不近婦人名曰持衰若在塗吉
利則雇以財物如病疾遭害以爲持衰不
謹便共殺之建武中元二年倭奴國奉貢
朝賀使人自稱大夫倭國之極南界也光
武賜以印綬安帝永初元年倭國王帥升
等獻生口百六十人願請見桓靈間倭國
後漢列傳七十五　十八

大亂更相攻伐歴年無主有一女子名曰
卑彌呼年長不嫁事鬼神道能以妖惑衆
於是共立爲王侍婢千人少有見者唯有
男子一人給飲食傳辭語居處宮室樓觀
城柵皆持兵守衛法俗嚴峻自女王國東
度海千餘里至拘奴國雖皆倭種而不屬
女王自女王國南四千餘里至朱儒國人
長三四尺自朱儒東南行船一年至裸國
黑齒國使驛所傳極於此矣會稽海外有

図3　『後漢書』列伝巻七十五

南の狗奴国は九州の南半を版図とし、邪馬台国の女王卑弥呼が「ヒメミコト」(姫尊)の転訛であるのに対し、狗奴国の男主卑弥弓呼が卑弓弥呼を倒置した「ヒコミコト」(彦尊)の省略で、いずれも実名でなく尊称とした。そして、『後漢書』のいう「倭の大乱」、すなわち両者の対立は、隼人《はやと》の祖先とされる火闌降命《ほのすそりのみこと》と、その弟彦火火出見尊《ひこほほでみのみこと》の釣針による争いの物語と解釈する一方、『記・紀』のなかの天《あま》ノ安河《やすかわ》の物語――天照大神の素戔嗚尊《すさのおのみこと》の放逐一件――は、卑弥呼時代の社会状況の反映とみた。そして、卑弥呼そのものは、『魏志』の「鬼道に事《つか》へ、能《よ》く衆を惑はす」以下の記事から、彼女が軍政を裁断する英略・勇武の君主というより、深殿に引き籠って祭祀を事とし、神意を奉じて民心を収攬《しゅうらん》する宗教的君主とみなし、『記・紀』の神功皇后とする妄を断ち切ったのである。

内藤虎次郎の邪馬台国論

内藤氏は、『後漢書』『魏志』はもとより、日本・中国の古文献を網羅的に検討したうえで、「邪馬壹は邪馬臺の訛なることは言ふまでもなし」とし、『隋書《ずいしょ》』『北史』などに「倭国は、……邪靡堆に都す、則《すなわ》ち魏志の所謂《いわゆる》邪馬台国なる者なり」と記し、また『梁書《りょうじょ》』が当時の倭王を『魏志』の倭王の後として疑っていなかったことを傍証として挙げ、「邪馬台国が大和朝廷の所在地に擬する外、異見を出すべき余地なし」と断定する。そして、方位については、邪馬台国＝九州説が「南至といえる方向に拘束」されていると批判し、『魏志』に東南行すべきを「東北行」云々と書いた例から、不弥国から投馬国《つまこく》にいたる「南」を「東」と解釈して、投馬国・邪馬台国をそれぞれ周防玉祖《たまのおや》郷・大和に比定した。

里数の問題は、白鳥氏が計算上、邪馬台国が大和でなく九州地域であるのは論議の余地がないとするのを、内藤氏は、当時の道里の記載が計算の基礎たりうる精確なものか疑問だ、と批判している。また、日程についても、内藤氏は投馬国と周防玉祖郷とする以上、当時七万余戸の大国は辺境の筑紫《つくし》よりも王畿の大和に求めるのが穏当だとする。そして、氏の邪馬台国以下の諸国の比定は、『和名抄』の郡・郷名の声音から選択されたが、狗奴国については『魏志』の「此れ女王の境界の尽くる所なり、其の南に狗奴国あり」により九州、それも肥後菊池郡城野郷に比定するが、「其の」が奴国をうけた言葉だからとする。これによれば、邪馬台国は少なくとも本州畿内より九州北部を包摂した広域の国家ということになる。

なお、内藤氏は『魏志』倭人伝のなかの諸国名以外に、官名を考証し、邪馬台国と狗奴国の交戦は景行天皇の初年、熊襲征討のことに該当するとし、後漢の霊帝《れいてい》、光和年中の倭国内乱は崇神《すじん》・垂仁《すいにん》両朝の武埴安彦《たけはにやすひこ》の叛、四道《しどう》将軍の出征、狭穂彦《さほひこ》の乱などにあたるが、『魏志』の記事は任那《みまな》の服属後であって、「其の北岸狗邪韓国《くやかんこく》に到る」の記事の「其の」は倭国、したがって狗邪韓国は倭国に服属していたと考えていたのである。そして氏は卑弥呼を『倭姫命世記』などを援用、景行天皇の妹、倭姫命《やまとひめのみこと》に比定した。

こうした白鳥・内藤両説が同時期に発表されて以降、邪馬台国＝九州・大和両説を対立軸として学問的論争が活発化し、それは今日までつづくことになる。

邪馬台国論争の展開

まず、藤井甚太郎「邪馬台国の所在に就いて」（『歴史地理』一六―一、一九一〇年）は、邪馬台国を肥後益城《ましき》郡当麻郷、狗奴国を同球磨《くま》郡以南の地に比定し、次いで橋本増吉「邪馬台国及び卑弥呼に就いて」（『史学雑誌』二一―一〇～一二、一九一〇年）では、卑弥呼の死んだ正始八年が崇神天皇崩御前一一年にあたるとして、内藤の倭姫命説を批判、さらに大和朝廷の領土がすでに韓国内にあったとの主張をも、『日本書紀』『宋書《そうじょ》』の記載により否定、女王国を筑紫の地（筑後山門《やまと》郡）に比定した。

他方、内藤説と軌を一にするものに、山田孝雄「狗奴国考」（『世界』七八～八三、一九一〇～一一年）がある。ここでは『魏志』の編者の方位の観念の誤認を指摘し、奴国は信濃伊奈郡、狗奴国は毛野国に比定しつつ、『日本書紀』崇神紀四八年条の豊城入彦命の東国統治の伝承を挙げる。

同じ時期、内藤氏が『唐類函《とうるいかん》』『通典《つてん》』にみる「倭面土国王」「倭面土地」などを、委奴＝邪馬台＝大和説として発展させると、筑前志賀島《しかのしま》出土の金印問題をめぐって稲葉岩吉・喜田貞吉・中山平次郎ら諸氏の論議が活発となった。これは金印が、後年の邪馬台国の位置に関連するところがあったからである。このうち喜田氏は、考古学的遺跡・遺物から倭人の問題をとりあげ、「漢籍に見える倭人記事の解釈」（『歴史地理』三〇―三～六、一九一七年）で、大和朝廷の主体である「天孫民族」を大陸からの渡来人とみて、邪馬台を筑後山門郡と認めながらも、『魏志』が九州の邪馬台国を畿内の大和国と混同、大和朝廷の威力がおよんでいたのを、卑弥呼の勢力と混同したと批判し、卑弥呼の墓を求めながら、筑後久留米南方の大善寺、山門郡女山神籠石近傍の大塚、肥後江田村の古墳などを倭人の王の円墳とみた。

しかし、すでに早く古谷清「江田村の古墳」(『考古学雑誌』二—五、一九一二年)は、江田船山古墳を卑弥呼の墳墓としていた。他方、富岡謙蔵「日本出土の支那古鏡」(『史林』一—四、一九一六年)は、筑前の須玖《すく》・三雲《みくも》・井原《いはら》遺跡の古鏡を後漢をくだらないとして、卑弥呼を「大和朝廷の或る勢力ありし女性」だとみた。また、梅原末治「輓近《ばんきん》考古学の進運と我々が古代の状態」(『歴史と地理』八—二・三、一九二一年)以下の諸論考では、九州北部の銅剣・銅鉾《どうほこ》を伴出する絶対年代は前漢より後漢初期、近畿の銅鐸《どうたく》の時代と併行し、副葬品はほとんど一致するが、三国のころでは前者のそれはむしろ貧弱となるので、中国との通交は大和中心におこなわれ、魏代のそれは大和朝廷と関係のない九州の土豪にかぎることはできぬ。『魏志』にいう「百面の古鏡(「銅鏡百枚」)を得たる卑弥呼が、大和朝廷の主権者の一人であることは、近畿地方に多数の同時代の古鏡が発見されることによる、とした。

さらに、高橋健自《たかはしけんじ》「考古学上より観たる邪馬台国」(『考古学雑誌』一二—五、一九二二年）も、先に和辻哲郎《わつじてつろう》『日本古代文化』（一九二〇年）が、弥生時代の九州中心の銅剣・銅鉾文化圏と畿内中心の銅鐸文化圏との対立、および北九州の文化と畿内の古墳文化との連続性を示す考古学研究の成果から、所謂《いわゆる》「邪馬台国東遷説」を導き出したのを批判する。その論拠は、古墳のなかでも前方後円墳が、日本独得の型式で畿内、特に大和地方に発生して、応神《おうじん》・仁徳《にんとく》朝のころ発達の頂点に達し、それが九州・関東にも伝播するが、漢魏時代の中国鏡・摸造鏡は近畿地方に多く、九州地方に稀薄に発見される点からも、邪馬台国を大和と推断できる、というものである。

この時期、邪馬台国の問題は、坪井久馬三・中山太郎・笠井新也・三宅米吉・白鳥庫吉・豊田伊三美氏ほかの研究が『考古学雑誌』などに掲載され、空前の活況を呈していた。このうち坪井氏は、『魏志』倭人伝の記事をたどりつつ、邪馬台国を肥後玉名《たまな》平野に比定したが、白鳥氏も畿内大和説に反論を加えている。一方、津田左右吉《つだそうきち》『神代史の新しい研究』（一九一三年）・『古事記及日本書紀の新研究』（一九一九年）では、大和朝廷・熊襲・出雲の勢力をヤマトタケル（日本武尊）・クマソタケル（熊襲梟帥）・イヅモタケル（出雲渠帥）の名をもって代表させ、「皇室が筑紫から移って新たに都を奠《さだ》められた」とする。

これに対して、三宅米吉「邪馬台国について」（『考古学雑誌』一二―一一、一九二二年）

は、『魏志』の記載では末盧→伊都の方角「東南」が実際は「東少し北」で、伊都→儺《な》(奴)も「東北」を「東南」として、少なくとも五、六〇度の差があるとし、下関から東への内海航路を二〇日間進むと投馬(備後鞆)、さらに東へ一〇日進んで上陸、陸行一日(一月は誤写とする)で邪馬台国にいたるが、これは『延喜式《えんぎしき》』主計式が大宰府～平安京間を「海路三十日」としているのが傍証となり、戸数の面でも儺(奴)三万余戸の二倍以上(七万余戸)の人口のあった所(邪馬台国)が九州にあったとは考えられぬ、とした。

一方、三宅説の方位を援用する笠井新也「邪馬台国は大和である」(同、一二―七、一九二二年)は、地名・遺跡および行路・行程の各一致を基準に考察し、まず、『魏志』が奴国より「東行、不彌国に至る」の不弥国を、儺県すなわち博多より「北方」「百里」に求むべきで、現在の津屋崎《つやざき》付近と推定する。そして投馬国については、内藤・三宅両氏の瀬戸内海沿岸説を否定して、日本海沿岸の山陰出雲に比定、ここから東航して越前敦賀《つるが》に上陸、近江《おうみ》・山城《やましろ》を経て大和すなわち邪馬台国に入ったものとした。笠井氏は二年後、「卑弥呼即倭迹迹日百襲姫命《やまとととひももそひめのみこと》」(『考古学雑誌』一四―七)で、卑弥呼を孝元《こうげん》天皇の皇女、崇神天皇の姑、倭迹迹日百襲姫命に比定、「姫命」・神女などは酷似しており、国家統治の実務にあたった崇神天皇が、その弟でなく甥にあたるとしても、外国人の観察としてその程度の差は許すべきだとする。

　ここで特徴的なのは、笠井・梅原両氏の邪馬台国＝畿内説に対して、橋本増吉氏の同＝九州説が、考古学研究の方法論をめぐって激しい論争となったが、橋本氏は「邪馬台国の位置について」（『史学』二―三、一九二三年）で、前方後円墳の完成期を崇神・垂仁両朝のときに断定できるかとの疑問を発し、たとえば古墳年代の資料とされる鏡の推定年代の信憑性を問題とした。一方、梅原氏もこれに反論、古鏡がまず九州に伝えられた後に近畿へ伝わったことの証明をすべしとするほか、考古学的研究法の積み重ねと信頼性を強調したのである。

邪馬台国論の深化と停止

　そのほか、佐喜真興栄《さきまこうえい》『女人政治考』（一九二六年）が古琉球のキコエ（聞得）大君と女王卑弥呼との対比、女王と男王の二重統治権の形態などを説き、豊田伊三美・安藤正直両氏らは、奴国以下、邪馬台国までの方角、里程・日程は伊都国を起点とし、前者は大和説、後者は肥後下益城《しもましき》郡佐俣《さまた》説を示した。また、志田不動麿「邪馬台国方位考」（『史学雑誌』三八―一〇）は、邪馬台国にいたる「水行十日・陸行一月」を「水行すれば十日、陸行すれば一月」との意味に、日程を短縮する方法を提示しながら畿内説をとり、太田亮氏は肥後菊池郡山門郷説の立場から、女王卑弥呼は神武天皇の皇子神八井耳命《かむやいみみのみこと》の後裔、多臣《おおおみ》一族と推測する。

さらに、『魏志』にみる、倭の女王が魏帝に献じた「生口《せいこう》」について、これを日本最初の外国留学生とか、潜水して魚鰒《ぎよふく》を捕える者、未開人、捕虜、奴婢《ぬひ》境遇の者、等々の諸説が出たが、これは実質研究の行きづまりに新展開をみる契機となった。その一つが、末松保和「魏志倭人伝解釈の変遷」（『青丘学叢』二、一九三〇年）ほかで、邪馬台国研究史すなわち学説整理をおこない、生口の問題から、奴隷・捕虜、財産所有形態、生産技術などの問題まで明らかにし、ひいては国家生成期の政治・社会構造の究明へと進むようになる。

もっとも、この時期に成立した唯物史観の古代史学では、早川二郎「大化改新の研究」（『歴史科学』二―九、一九三三年）が『魏志』倭人伝の記事をかかげ、簡単に邪馬台国の九州大和両説を紹介、従来の研究を批判・評価しながらも、「九州・大和のいずれにあったにしても、我々の研究の当面の結論に大した変りはない」といった認識から出発していた。これは、前年の禰津正志氏の論考も同様であるが、伊豆公夫『日本古代の基礎問題』（一九三六年）などは、「畿内であるか九州であるかの決定を見て、はじめて三世紀社会の生きた現実を捉へた」といえるとし、また同年の渡辺義通『日本古代社会』も、「何れの地なるかを究めることは、日本古代史研究における最も重要な一事」と指摘した。もっとも、早川・渡辺両氏とも畿内大和説がよいとするが、これは考古学研究の影響によるものと思われる。

それらの代表的な成果は、『日本歴史教程』（一九三六年）のなかの伊豆公夫「邪馬台国の状態」であって、ここでは三世紀の列島社会に、すでに身分＝階級制の成立をみていたとし、政治形態は邪馬台国という部族同盟に、ほかの部族同盟か共同体が服属している形態で、正副の官は王とともに被支配共同体の族長層である。それは族長会議によって統率者を「共立」する部族同盟の状態を完全には脱却しておらず、国家形成の過渡期、原始国家としてみるのが妥当、と説いている。しかし、第二次世界大戦をひかえて、その発展の芽は摘みとられた。

その一方で、従来の、あるいは新たな研究者の参入もあり、たとえば『翰苑《かんえん》』所載の『魏略』本文や逸文の考証・批判も深化する一方、稲葉岩吉・肥後和男・大森志郎ら諸氏の新知見が呈示された。特に笠井新也「卑弥呼の冢墓と箸墓」（『考古学雑誌』三二―七、一九四二年）は、卑弥呼に比定した倭迹迹日百襲姫命の箸墓《はしはか》古墳築造の状況を『日本書紀』の記事によって詳細に提示したが、これが現在まで邪馬台国＝畿内大和説の根幹をなしている。

現代の邪馬台国論

邪馬台国論争の復活

ここでいう現代とは、第二次世界大戦後をさすが、戦前の歴史研究に関する政治的規制が緩和されると、邪馬台国《やまたいこく》研究も自由闊達な内容のものが続出する。まず、早い時期のものとして、三《み》品《しな》彰英《しょうえい》「日鮮共通の原始政治的形態」「大陸の情勢とヤマト国家」(『新日本歴史』一九四七年)、「中国史籍に現われた古代日本」(『日本古代社会』一、同年)が邪馬台国問題を積極的にとりあげている。ここでは邪馬台国の所在地に関する畿内・九州両説の対立には、道里問題を解決せねばならず、そこに力こぶが入れられてきたが、『魏志《ぎし》』の記事に矛盾があるため学説混乱の因となったので、これを避けるためには「道里記事はまず敬遠して触れない」で、「ヤマト国の位置決定の終わった後にこそ判断」すべきだと提言し、邪馬台国は原始国家ではなく「古代封建的構造を持った国家」であるとして、その位置を畿内の大和に求めたのである。

他方、和田清「魏志倭人伝に関する一解釈」（『歴史』一―一、同年）は、『魏志』の記事から、女王国は到底大和ではありえず、倭女王卑弥呼は北九州の女酋で、それゆえ近い壱《い》岐《き》・対馬《つしま》まで支配し、かつ南九州の狗奴国《くぬこく》と争っていた。女王国が九州であればこそ、「女王国東渡海千余里、復有レ国、皆倭種」ともいわれるのであり、これを大和としては、この語もまったく解しようがない、として筑後《ちくご》山門《やまと》郡説をとる。そこでは大和地方は、当時から大和朝廷の本拠であって、女王国などよりもはるかに強大な勢力であったはず、という前提がある。これに対して、池内宏『日本上代史の一研究』（一九四七年）では、「等しくヤマトと呼ばれた大きな政治的中心が、東西処を異にして同時に並立したことを疑」い、畿内説に傾いている。その翌年には、鈴木俊・桃裕行《ももひろゆき》両氏らも『魏志』倭人伝の里程・日程の記事や自然な解釈からして畿内大和説に左袒する、と述べている。

邪馬台国所在地の比定論

このようななかで、榎一雄「魏志倭人伝の里程記事について」（『学芸』三三、一九四七年）、「邪馬台国の方位について」（『オリエンタリカ』一・『東洋史学』一、同年）の第一論文においては、従来『魏志』にみる魏使来訪のコースを対馬—一大(支)—末盧《まつろ》—伊都国《いとこく》、そして奴国《ぬこく》以下の地名とも連続させてたどらせたのを修正し、奴国以下への里程や距離はすべて伊都国から各国にストレートにいたる数字と解釈した。それは伊都国までの行程記事が、前着地からの方位・距離・新到着地名の順であるのに対し、伊都国から後は方位・新到着地名・距離の順と変化しているからで、これでは伊都国から直接邪馬台国にいたることになる。なお、榎説では、不弥国《ふみこく》は宇瀰《うみ》(宇美)付近、投馬国は南へ水行二〇日のところで、薩摩または日向《ひゅうが》の都万《つま》、邪馬台国は伊都国の南方、水行一〇日・陸行一日(一月が一日の誤りでない場合は、水行なら一〇日、陸行なら一月)の地で、筑後山門郡(矢部川流域ないし筑紫平野)か肥後山門郷(菊池川流域)とみる(後には、菊池川流域は狗古智卑狗《くこちひく》の拠る狗奴国であろうという)。なお、投馬国までが水行二〇日のみとあって、陸行の距離を示していないのは、中間に男王国(狗奴国)があって陸上の連絡ができないからと推論する。

第二論文では、『魏志』には帯方《たいほう》「郡より女王国に至る万二千余里」とあるが、これは同郡より伊都国まで一万五〇〇余里、さらに伊都国より陸行一月(または水行一〇日)を加えた分になるから、一月の行程は一五〇〇里、しかも『唐六典』の「凡《およ》そ陸行の程、馬は一日に七十里、歩及び驢五十里、車三十里」の記事(一月の歩行の行程＝一五〇〇里)と

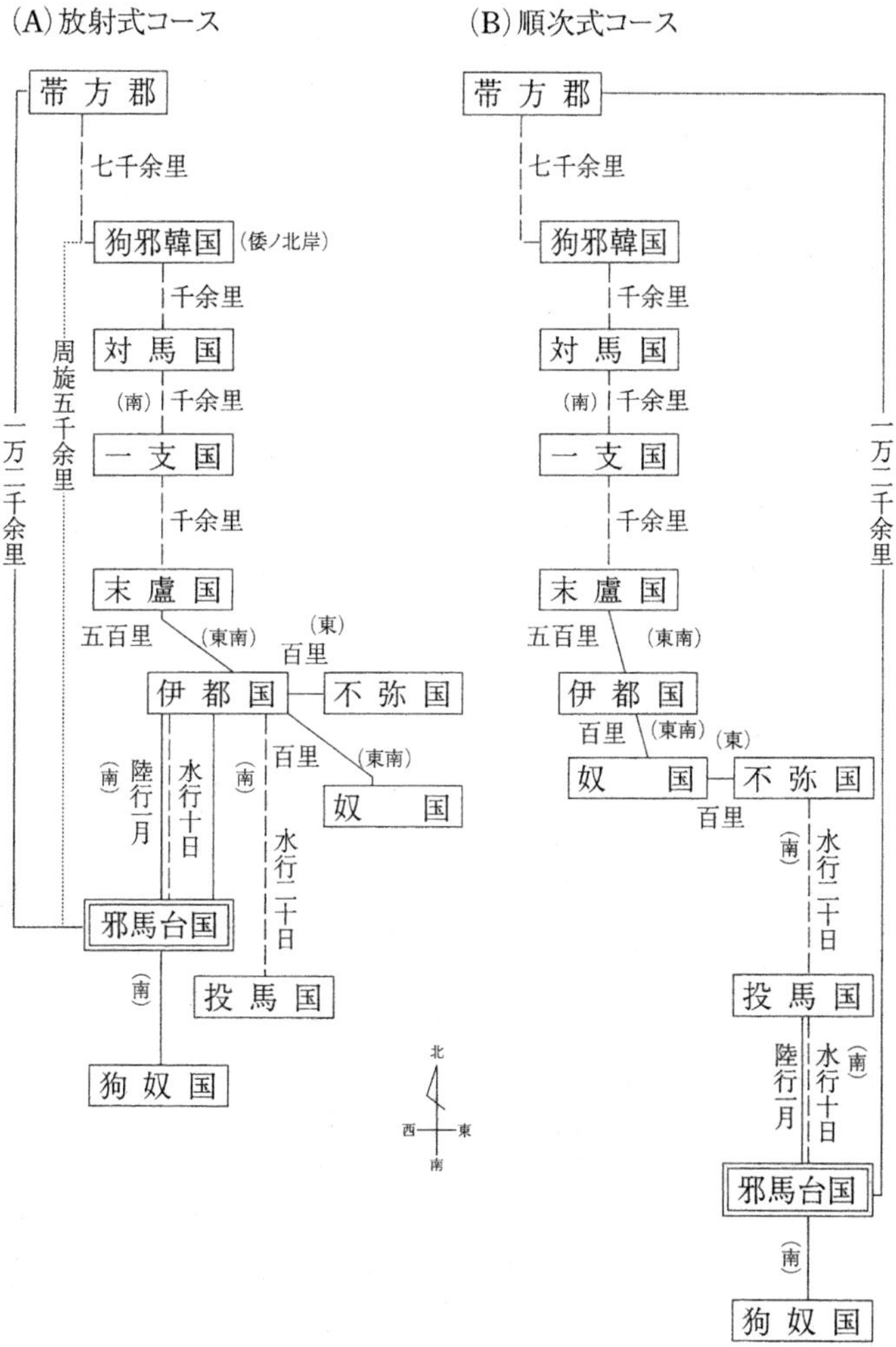

図4　伊都国中心の放射式コースと順次式コース
（岡本健一『邪馬台国論争』による）

よく一致するという。そして、『魏志』の「倭の地を参問するに、海中洲島の上に絶在し、或は絶え或は連なり、周旋《しゅうせん》五千余里可《ばか》りなり」の「周旋」の字句を右の文意に連ねて、「絶ゆるが如く、絶えざるが如く、うねうねとつづいている貌《かたち》」と解し、「五千余里」が倭の領域の始まる地点（狗邪韓国《くやかんこく》以南）から、その領域の尽きるところ（邪馬台国を広義の女王国の最南の土地）と、魏使がみなしたもの、とする。ここでの「周旋」は、狗邪韓国から邪馬台国までの往路五〇〇〇余里ということになり、本来の周旋の意味とは外れている。榎説では、『魏志』の「及二郡使倭国一、皆臨レ津捜露、伝送文書賜遣之物、詣二女王一不レ得二差錯一」という文言に四通りの読み方があることを示したうえで、魏使は伊都国にとどまり、それ以遠には行かなかったとみるが、それは女王国の政治・外交の実質的中心が伊都国にあり、そこに置かれた一大率が諸国の検察、大陸と女王国の両使節の監督にあたり、使節は用務いっさいをこの地ですませたとの推測にもとづいている。

この伊都国起点説は戦前すでにみられたが、榎氏の見解には多少の疑問点をはらみながらも、以後の邪馬台国論争における九州説が依拠する槓桿《こうかん》の一つとなった。もっとも当時、三品氏は、斬新な読解ながらも漢文の普通の解釈や読み方に妥当性があり、倭が会稽《かいけい》郡や東冶《とうや》県の東にあるとの『魏志』の記事に沿っていないと批判し、日本列島が南に敷列するように九〇度の転回を求めていたが、榎説を激しく批判したのは冨来隆「魏志『邪馬台』の位置に関する考察」（『大分大学学芸学部研究紀要』二、一九五三年）で、筑後山門説が大勢を占めるなかで、豊前宇佐《うさ》説を提示した。ここでは、『魏志』の方向記事が東に五〜六〇度ほどずれているとして、奴―投馬―邪馬台―狗奴を、博多―五馬―山戸―河野、とみるのである。これは翌年の『史学雑誌』で冨来・榎両氏の論争のかたちで展開されるが、邪馬台国の位置比定の方法論からすれば、その優劣の差は歴然といわねばならない。

邪馬台国の構造論

これより先、藤間生大《とうませいた》「政治的社会成立についての序論」（『歴史学研究』一三四号、一九四八年）に始まる氏の諸論考では、「邪馬台国を中心とする連合国家の領域は、西は北九州、東は安芸・讃岐の線まで」の北九州・中国筋および四国の西で、邪馬台国は筑後山門郡、そして狗奴国を畿内地方に求めたが、『埋もれた金印』（一九五〇年）では榎説を面白く合理的だと評価しながら、狗奴国を九州中部の熊襲《くまそ》へと変更し、三世紀半ばの日本列島は、邪馬台国中心の北部九州ブロック、九州中部の狗奴国、東方一〇〇〇里の倭種の国（大和諸国）の三政治的地域に分れる、とする。そして、弥生中期には生産力の地域的な不均等により文化的差異、奴隷以上の身分も生じるが、全体的には共同体的な社会構成である。それも征服―被征服地では連合のかたちで統轄され、各国王の勢力均衡の下に女王卑弥呼が共立されており、卑弥呼が君臨する国家体制というよりは、各王により卑弥呼の王権は制約されていた、というのである。これは戦前の『日本歴史教程』における伊豆氏の論旨と大差はない。

なお、石母田正《いしもだしよう》「古代貴族の英雄時代」(『論集史学』一九四八年)は、邪馬台国時代を世襲的王制の未確立と、原始的素朴性を克服した階級的主体の古代貴族の独立、奴隷制による未解体の独立小農民を想定しているが、その十数年後には、大人《たいじん》—下戸《げこ》—奴婢《ぬひ》の三階層のうち、大人＝王族(貴族)、下戸＝一般生産大衆を意味する、とした。

これに対して、上田正昭《うえだまさあき》『日本古代国家成立史の研究』(一九五九年)は、卑弥呼が共立された基盤は、けっして諸小国の王ではなく、邪馬台国内部の諸勢力であって、王権は父権を中心に特定の支配者集団に固定化しつつあり、権力の基盤としての共同体は原始的形態ではなくアジア的形態の共同体であって、女王はそれらを統属する政治統一体の君主である、とする。これは父系による王権の世襲化でもあるが、具体的には『魏志』倭人伝にみる「其国」の王の男子継承と「倭国」の戦乱、「一女子」(卑弥呼)の共立後の男王の継承と国内紛乱、卑弥呼の宗女「壹与《いよ》」(臺与《とよ》)の国王擁立と安定、という筋道から導かれた論理でもある。

一方、井上光貞『日本国家の起源』（一九六〇年）は、「其国」を邪馬台国と解すべきではなく、倭の諸国だとして、邪馬台国連合はそれぞれ主体性を持つ諸国の連合体であって、専制国家とはいえず、三世紀は英雄時代、政治体制としては原始的民主制の段階である、とした。これに対し、直木孝次郎《なおきこうじろう》「国家の発生」（『岩波講座日本歴史』一、一九六二年）は、井上説の邪馬台国連合は英雄時代や原始的民主制にもとづく国家ではなく、アジア的な共同体を専制的に支配する小国家群の連合体、とみている。

神話からみた邪馬台国

この当時、論壇で注目されたのが、かつて邪馬台国東遷論を提起した和辻《わつじ》哲郎《てつろう》氏の再論「若き研究者に―ヒミコ女王の国ヤマトについて―」（『新潮』四七巻九号、一九五〇年）や『新稿日本古代文化』（一九五一年）である。この新著は、旧著への批判をうけて修訂したものであるが、その内容は、日本建国の神話は三世紀以前からあったもので、北九州に来た魏使がその神話を倭人から聞いて、現実の倭王も神話的なものと錯覚、架空の女王卑弥呼なるものを創作して本国に報告したため、中国史家も当時の史実と誤り伝えたもの、とした。確かに戦前・戦後の邪馬台国研究において、天照大神などの神話を卑弥呼時代の反映とする見解がなかったわけではない。白鳥《しらとり》庫吉《くらきち》氏の旧説のほか、これを継承した伊豆公夫「卑弥呼―最初の女性―」（『日本歴史の女性』一九五一年）がある。特に、後者は、「アマテラスオオミカミと卑弥呼女王は似ている」としたうえで、高天原の神話は、すでに階級社会の有様を示し、それ以前の原始社会の面影をほとんどとどめていない。だから天照大御神の物語は三世紀ごろの日本の有様を示すといえようし、あるいは卑弥呼のような人物をモデルとして創られた話かもしれない、というのである。

和辻氏の論旨に対しては、市村其三郎『秘められた古代日本』（一九五二年）が、奇怪至極な理論で、戦前の神話的歴史を再び今日に復活しようとするもの、と激しく批判したが、それは「女王卑弥呼の事跡が反映して神話になったためで、女王卑弥呼が本《もと》であり、神話は末である」というのが論拠である。なお、市村氏は、白鳥氏が女王卑弥呼を九州地方の一女酋とした点にも批判を加えた。この時期、すでに邪馬台論争のなかにも一部イデオロギー闘争の片鱗をうかがうことができる。

『魏志』倭人伝の記事内容の検討

こうしたなかで、『魏志』倭人伝の記事内容に関する研究が深められていった。たとえば、和歌森太郎「私観邪馬台国」（『社会経済史学』一八―三、一九五二年）は、魏人は日本列島が南の方に延びる想定をしたものと推察する一方、邪馬台国への方角（「南」と「東」）、「水行十日、陸行一月」の理解、「水行二十日」の投馬国の位置などを検討、邪馬台国は九州の「南方」よりは「東方」、すなわち近畿大和説が有力だ、とする。そして、女王卑弥呼を御肇国《はつくにしらす》天皇（崇神《すじん》天皇）の姑である倭迹迹日百襲姫命《やまとととひももそひめのみこと》、壱与《いよ》（台与《とよ》）を崇神天皇の皇女で天照大神を祭る斎女の豊鍬入姫命《とよすきいりひめのみこと》とみるのである。一方、三品氏も「魏志倭人伝の読み方」（『大谷史学』一一、同年）において、地図の理解に関してふれるとともに、『魏志』倭人伝の、「郡より倭に至るには、海岸に循《したが》って水行し、韓国を歴《へ》て、乍《あるい》は南し乍は東し、其の北岸狗邪韓国に到る七千余里」（傍点引用者）の「其の北岸」が何を意味するのか、「其の」は不要な字句か、倭・韓両国の航路の北岸、倭の北側の対岸、倭に属した南韓の一部か、といった諸見解があるとし、日野開三郎「北岸――三国志・東夷伝用語解の二」（『東洋史学』五、同年）も、倭の領域を拡大して狗邪国をも包む、否、狗邪国は倭の領土外とする両見解を検討し、三品・日野両氏ともに倭の政治的支配権力は朝鮮半島の南部におよんでいないと結論した。また、日野氏は、『魏志』にみる「邸閣」を軍事的目的をふくむ倉庫の意味とし、当時の倭の支配階級の権力構造の一端がわかる、というのである。

このほか、『魏志』掲出の邪馬台以下の国名、爾支《にき》・卑奴母離《ひなもり》などの官名などの語彙などが研究の対象となり、浜田敦・大森志郎両氏が上代特殊仮名遣いから邪馬台国を畿内大和とみたが、田中卓「邪馬台国の所在と上代特殊仮名遣」（『国語国文』二四—五、一九五五年）が全面的批判を加え、国語学的には大和説が容認されるまでにはいたらなかった。斯《し》馬国《まこく》以下の「旁国《ぼうこく》」二一ヵ国については、先の冨来氏は女王国の版図に入らぬと主張していたが、牧健二「魏志の倭の女王国の政治地理」（『史学雑誌』六二—九、一九五三年）は、邪馬台国＝筑後山門郡説に立って、倭国すなわち女王国の領域を明らかにするため、邪馬台国の「旁国」（斯馬国以下の二一ヵ国）の各所在地の考定をおこない、これが筑前・筑後・肥前・肥後・豊前・豊後・日向におよんでいるが、本州の西端部も考慮の必要がある、と指摘した。

歴史地理学からみた邪馬台国

これに対して歴史地理学の立場から、米倉二郎「魏志倭人伝に見ゆる斯馬国以下の比定」（『史学研究』五二、同年）は、『魏志』の「旁国」の記事を別資料の挿入とみ、そのなかの最後の「奴国」は重出の記事として、大和説に立って、斯馬国以下を北九州から大和にいたる沿路に比定した。かつて、内藤虎次郎氏は、『魏志』の伊支馬・弥馬升・弥馬獲支・奴佳提という官名を、それぞれ垂仁天皇（イクメイリヒコ）・孝昭天皇（ミマツヒコ）・崇神（ミマキイリヒコ）と中臣氏（ナカトミ）にあてて、前三者を天皇の御名代の類と考え、卑弥呼推定の有力資料とした。

しかし牧氏は、これを批判し、伊支馬以下は官名・人名として、その比定地か生見・三城・胸形・額田の諸氏とみ、さらに難升米《ナシマ》・都市牛利《トシゴリ》・伊声耆掖邪狗《イシギヤヤク》・載斯烏越《サシウヲ》を筑前・肥前の地名から名島・登志・石木・佐志の諸氏とみる。

　こうした官名と人名・地名の対比については、坂本太郎「魏志倭人伝雑考」（『邪馬台国』一九五四年）も、卑奴母離《ヒナモリ》（夷守）を筑前・肥後・日向や越後にみるとし、狗奴国の狗古智卑狗は官名でなく人名の菊池彦とし、同国にはクナツヒコ（狗奴津彦）またはクマツヒコ（熊津彦）がいたことになると述べ、さらに官名には、それぞれ地域的独自性があるので、邪馬台国＝畿内説のみならず同九州説も打ちたてることができる、とする。そして、伊都国の「一大率」は女王派遣の総督とみ、伊都国の下に「世々王有るも、皆女王国に統属す」と記す内容は、『魏志』の記事から対馬・一支・末盧の諸国にも皆王があり、他に奴・不弥・投馬国での存在を否定することはできないし、地名としてのヤマトは自生のもので、畿内と九州のそれは偶然の一致だという。

　この坂本説は、九州の邪馬台国が畿内の大和に東遷《とうせん》したとの主張ではないが、牧健二氏の場合、市村氏が卑弥呼を天照大神の実在人としながら、女王国の存在年代との関係で神武天皇の東征が紀年のうえで可能であるとしたことを批判しながらも、その東征伝説と関係が深いとみられる投馬国以下を検討している。ここでは、女王国の付庸である投馬国が日向の妻地方、呼邑国《こゆうこく》が同じ児湯《こゆ》郡、姐奴国《しやぬこく》が日向の南境の狭野《さぬ》（神武天皇の幼名で狭野尊）、そして東征伝説で天皇が寄宿したという菟狭（宇佐）と崗水門が女王国のなかの「国」を形成していたなどを挙げ、後の論考「神武東征伝説の史実性試論」（『史林』三七—五、一九五四年）でも、『魏志』が投馬国を特記したことを重視し、この伝説が「三世紀後半、日向の投馬国からおこなわれた遠征を伝えたもので、説話でなくて歴史であろう」というものである。

考古学研究からの深化

先に藤間生大氏が、魏普時代の製作とみられた三角縁神獣鏡《さんかくぶちしんじゆうきよう》にふれていたとき、樋口隆康・岡崎敬「邪馬台国問題—考古学上よりみたる上代日本の状態—」（『民族学研究』一三—三、一九四九年）は、戦後の考古学からの初めての提言であった。それは古墳出土の鏡のうち手ずれの有無、卑弥呼の時代に壮大な高塚および数多くの副葬中国鏡の有無、北部九州での「径百余歩」の墓の不存在、『魏志』にみる銅鏡の三世紀における九州、畿内への移入の在り方、の四点から、邪馬台国を北九州に比定することは無理だ、というものである。

次に、小林行雄「邪馬台国の所在論について」（『ヒストリア』四、一九五二年）は、これまで三世紀前半の大和文化は古墳時代だとする高橋健自・梅原末治両氏らの見解を批判して、要旨、(1)わが国の古墳は、九州の弥生時代の甕棺墓などを除けば三世紀中葉以前を溯りうるものは知られていない、(2)九州に現存する遺跡・遺物からは、三世紀前半の筑後山門郡地方に国産銅利器を用いて鬼道をおこなう文化の中心の存在は証明できぬ、(3)北九州の古墳時代の開始は、四世紀以前には溯りえない、と指摘している。さらに氏は、「古墳の発生の歴史的意義」（『史林』三八―一、一九五五年）において、古墳から発見される漢中期の伝世鏡（内行花文鏡・方格規矩四神鏡）が磨滅するほど使用された痕跡を持つことなどから、神を祭り継ぐことが鏡の伝世であったとして、これが世襲制の下では伝世の必要を失ない、古墳が発生する、とみる。そして、京都大塚山古墳に副葬の三二面以上の三角縁神獣鏡のなかには同笵鏡《どうはんきょう》（同一の鋳型で鋳造した鏡）一七種・二一面があり、全国一九基の古墳から出土していることから、そこに特殊な政治的分有関係が成立しているとみなした。これは、大塚山古墳の被葬者が、各地域の政治的権威の刷新のために鏡を分与したことを意味しており、その見事な方法論は邪馬台国＝畿内説への大きな考古学的支柱ともなった。

しかし、それだけに、この伝世鏡論・同笵鏡論が論理の矛盾、仮説の積みかさねによる展開なので、三〜四世紀の古墳文化の発展、すなわちヤマト政権の勢力圏の拡大過程を推定することは不可能とする批判も生じた（内藤晃「古墳文化の成立」〈『歴史学研究』二三六、一九五九年〉ほか）。さらに、北部九州の伊都国の平原王墓発掘、破砕鏡の復原などで知られる原田大六氏も、その一連の論著により、高橋・梅原・藤間各氏らの所論を批判していたが、小林氏に対しても、「手ずれ」の痕跡は神を祭るための鏡の伝世ではなく、鏡鋳造時の工人の不手際によるもので、湯（熔銅）が冷えて起こった現象だとした。原田氏の小林理論に対する批判は、同『邪馬台国論争』（一九六九年）において徹底する。これに先行する同『日本古墳文化』（一九五四年）以降、氏は邪馬台国問題をどう扱ってきたのか。

そこでは『魏志』の解釈、考古学的資料、日本神話の力で総合的に論ずべきだとして、卑弥呼は「日御子」「日巫子」を意味し、日神オオヒルメ（昼女）ムチ（天照大神）の末孫を名乗るか僭称した者と考え、具体的には『日本書紀』崇神天皇紀にみる豊鍬入姫命《とよすきいりびめのみこと》と推測している。氏は、政治の中心地の移動については、考古学的資料は文化移動、『魏志』『後漢書』は倭国の大乱、神話は神武東征を語っていたとし、「末盧国にはじまる正確な方位の誤差は、狗奴国に至って遂に百三十度の開き」をみるというが、これは邪馬台国を大和、狗奴国を東国の毛野《けぬ》としたためで、「旁国」二一ヵ国の冒頭の斯馬《しま》国を紀伊半島の志摩国に比定するほか、内藤・志田・山田説にやや類似している。

かつて斎藤忠「邪馬台国の位置」(『邪馬台国』一九五四年)は、北九州の古式古墳について、考古学的に畿内大和説が絶対的とはいえず、北九州説をも否定すべきではない、としていたが、森浩一「日本の古代文化」(『古代史講座』三、一九六二年)も、小林の伝世鏡論に疑問を呈した上で、これまで大和の優位を前提として、古墳文化が絶えず大和から波及したという方程式理論の放棄を求め、佐賀県金立村の銚子塚(前方後円墳、長九八メートル)の事例を示した。

文献史学の研究動向

橋本増吉『増訂東洋史上より見たる日本上古史研究』(一九五六年)は、旧著に新論考編を加えた大著であるが、肥後和男・和歌森太郎・榎一雄ら諸氏の研究——邪馬台国を畿内大和に求め、卑弥呼を倭迹迹日百襲姫とする説、あるいは筑後山門郡とする説——をとりあげ、日本の古文献にみる伝説・物語類を利用して建国年代を延長し、日本国家の成立を悠久ならしめようとする所論を痛烈に批判する。橋本説では筑後山門郡説であるが、神話における天孫降臨の地、神武東征の出発地を南九州とする作為は、後代の政策的意図に出るもので、紀伊方面に北九州の地名移動をみるのは、この方面の移住者が主に北九州に関係あるとしながらも、それが投馬国の東遷ではなく、邪馬台国統轄圏内の一派の当方移住だ、と峻別したからである。

ところで、狗奴国については、『記紀』の「越洲《こしのしま》」とみて琵琶湖付近とする説もあったが、水野祐《みずのゆう》「狗奴国に関する魏志東夷伝の記載について」(『史観』五〇―一、一九五七年)は、『魏志』の記載の重複矛盾を衝いて、斬新な説を提示した。それは従来、『魏志』の倭人とその生活様態だと理解してきた記述のうち、「郡より女王国に至るまで万二千余里なり」に続く「男子は大小となく皆鯨面文身《げいめんぶんしん》す」から「竹箭《ちくせん》は或は鉄鏃《てつぞく》、或は骨鏃の有無する所、儋耳《たんじ》・朱崖《しゅがい》と同じ」までを、狗奴国関係の分とする。それはまた、『魏志』の倭が「会稽・東冶《とうや》の東」にあるのでなく、狗奴がそれにあたり、狗奴国は邪馬台国よりはるか南方に位置するという魏代の通念を示すもの、というのである。その前提としては、「倭地を参問するに周旋五千余里」という「周旋」を榎氏同様、倭の地域の一周すなわち周囲とは解せず、倭の北限の狗邪韓国から女王国の東、渡海して一〇〇〇余里の果てにある倭人国までの里程を五〇〇〇余里とする。これを基礎として、帯方郡より女王国、邪馬台国の各距離を一万二〇〇〇余里・一万一〇〇〇余里と算出、その差一〇〇〇余里が女王国の境界の尽きるところまでの距離というわけである。

水野氏の新説では、『魏志』にみる、邪馬台国や狗奴国と魏との関係記事の理解に資するところ少なからず、『魏志』が「女王国の東、海を渡る千余里、復た国有り、皆倭種なり」とする国は、本州か四国の島々の大和連合国家に統属していた国々で、邪馬台国連合国家とは対立していたとする認識であって、先の肥後・和歌森両氏の畿内大和説を否定する立場にたつものである。しかし、右の狗奴国への里程比定の方法、「周旋五千里」論などには一部批判が生じる側面もある。

東アジア世界の中の邪馬台国

その後、邪馬台国の問題は、東アジア世界の変化との関連でとりあげられるようになる。特に石母田正「邪馬台国の時代―国家の起源―」（『岩波講座日本歴史』一、一九六二年）は、西暦一世紀の漢王朝以降、倭の諸王も一朝貢国として編成されてきたが、漢末の桓《かん》帝・霊《れい》帝の時代に統治が解体し、三世紀には公孫氏や高句麗の国家的成長、後漢滅亡による魏《ぎ》・呉《ご》・蜀《しょく》の三国分裂のなかで、邪馬台国の女王卑弥呼が「親魏倭王《しんぎわおう》」の地位をあたえられたことは、旧来の呪術的・族長的な王とは異なる、国際的に高い地位を示している、という。これは先の藤間生大・井上光貞両氏の新著にも共通するところである。

同じことは、東洋史学の栗原朋信「魏志倭人伝にみえる邪馬台国をめぐる国際関係の一面」（『史学雑誌』七三―一二、一九六四年）、西嶋定生「日本国家の起源について」（『日本国

王碑） 397　百済，倭国と国交を結び，太子を人質とする 400　高句麗，5万の兵で新羅救援，倭軍退く（好太王碑）	391　高句麗の広開土王（好太王）即位 393　倭軍侵入，金城を包囲，倭軍大敗
404　倭軍，帯方郡に侵入，高句麗と戦い敗北（好太王碑） 413　倭王讃，東晋に朝貢（『晋書』）	402　新羅，倭国王と国交を結び，未斯斤を人質とする 405　倭兵が新羅に侵入，明活城を攻める

（出典）平田信芳『歴史教科書をめぐる諸問題』（2001年）掲載年表による．

家の起源』同年）でも、漢や魏と倭（奴、邪馬台国）王との関係を冊封体制《さくほうたいせい》の秩序構造とその特質の面から詳細に論じている。栗原氏は、先の水野氏が、狗奴国も邪馬台国と同じく魏の冊封をうけて属国となり不利な状勢を打開しようとしたと述べたのに対し、狗奴国が倭地内の一大勢力ながら『魏志』に戸数が記されていないのは魏に臣属しない間柄と考える。中野幡能『八幡信仰史の研究』（一九六七年）も、大隅国府正八幡宮に呉の太伯を祀るとの異説から、邪馬台国が魏の、狗奴国か呉の援助をうけて強力な力で対抗したのではないか、と疑っている。

「邪馬台国ブーム」とその後

戦後の邪馬台国論に火をつけ、一大ブームを捲き起こしたのは、井上光貞『神話から歴史へ』（『日本の歴史』一、一九六五年）であり、また著名な推理作家松本清張「古代史疑」一・二（『中央公論』九四四〜五号、一九六六年）で

表1　『三国史記』による日朝関係年表

倭（日　本）	三国（百済・加耶・新羅）
57　倭奴国の使者，洛陽にいたり，光武帝より印綬をうける（『後漢書』）	B.C.50　倭人が出兵，辰韓の辺境に侵入 B.C.20　倭人瓠公，辰韓に仕える 14　倭人が兵船100余艘で辰韓の民家を略奪 59　倭と国交を結び使節を交換 73　倭人が木出島に侵入
107　倭国王帥升ら後漢に生口160人を献上（『後漢書』） 147～188（一説178～183）　倭国大乱，女王卑弥呼を共立（『魏志』倭人伝）	121　倭人が辰韓の東部辺境に侵入 123　辰韓，倭国と講和 158　倭人来訪 173　倭の女王卑弥呼の使者来訪
239　卑弥呼，魏に遣使．親魏倭王の称号をうける（『魏志』倭人伝） 248　卑弥呼没，壱与が女王となる 266　倭女王（壱与？），西晋に朝貢（～413年まで，倭国の消息，中国文献になし）	208　倭人，辰韓の国境を犯す 232　倭人が侵入，金城を包囲．辰韓王みずから城を出て戦い，賊を撃退．騎馬隊が追撃して1000余人を殺し，捕らえる 249　倭人が舒弗邯の干老を殺す 287　倭人が侵入，1000人を連れ去る 292　倭兵が沙道城を攻めるも失敗 294　倭兵が侵入，長峯城を攻めたが勝てず 300　新羅，倭国と国使を交換
王仁・阿知使主・弓月君ら渡来（『応神記』） 369　百済・倭国連合軍，新羅を破る 372　百済王，倭王に七支刀を献上 391　倭国出兵，高句麗と戦う（好太	312　倭国王が使者を派遣，王子の花嫁を求む 345　倭王が新羅に国書を送り，国交断絶 346　倭軍，新羅の辺境地帯を掠犯 364　倭兵大挙して新羅に侵入，倭軍大敗

あり、盲目の作家宮崎康平『まぼろしの邪馬台国』（一九六七年）であった。井上氏は、邪馬台国論をひろい視野から総合し、筑後山門郡と肥後菊池郡山門郷にみる両ヤマトを邪馬台国の名称の残存とみて、筑後山門郡に限定する従来の九州説の欠陥を克服した。同説では、複説を活用しながらも、いまだ女王卑弥呼が都する邪馬台国内の居所を特定していないが、九州説は文献的には揺るぎない基礎があたえられたといえる。

一方、松本氏は、これより早く小説「陸行水行」（一九六四年）に始まるが、宮崎氏とともに従来の学者・専門研究者に対する痛烈な批判から出発して、邪馬台国の関連する問題に独自の論を展開して、一般大衆の参加を呼びかけるものだったので、邪馬台国論争の裾野をひろくする契機となった。松本氏は、卑弥呼＝ヒムカ即日向説、邪馬台国の筑後山門説をとり、水野説に接近しながらも狗奴国の魏への朝貢を否定する一方、呉による支援論にも賛成せず、特殊な九州政権の東遷（大和政権の母体）説を提示する。これに対して、宮崎氏は、実に数多くの興味ある指摘をしながらも、「旁国」にあたる斯馬国以下を、筑後川流域、菊池川から阿蘇、緑川から八代《やつしろ》海沿岸、有明海西岸の諸地域に求め、斯馬国は杵島・藤津両郡、邪馬台国は高来郡と彼杵の一部（諫早・島原・長崎の各市、特に諫早湾沿岸）に比定する点に特色がある。

こうしたなかで、山尾幸久「魏志倭人伝の史料批判」(『立命館文学』二六〇、一九六七年)は、これまでの陳寿《ちんじゅ》撰『魏志《ぎし》』が魚豢《ぎょかん》撰『魏略《ぎりゃく》』に拠ったとする通説に疑問を呈し、陳寿はむしろ王沈《おうしん》撰『魏書』に求めたとみたうえで、『魏志』の地理的記事のうち信頼できるのは伊都国~邪馬台国間の所要日数のみで、中国使節の実地見聞の一つと思われる日本の地名を、三世紀の上古漢語音にみると畿内大和になる、卑弥呼以前の邪馬台国の王を男子だとは断定できぬ、卑弥呼の「共立」記事は陳寿の儒教的思想の産物だなど、全体的に畿内大和説をつよく展開した。また、中国語学者尾崎雄二郎氏のように、『魏志』倭人伝の「一大国」を一支国すなわち壱岐国の誤りとすることへの疑問、「邪馬壱国」に関して邪馬壹や邪馬嘉も、ともに邪馬臺とあるべきものの誤りか否かを明らかにすべきだ、と指摘する意見もある。

このうち、「邪馬壱国」については、古田武彦「邪馬壹国」(『史学雑誌』七八—九、一九六九年)がある。これは『三国志』の古刊本である宋紹興本《しょうこうほん》や宋紹熙本《しょうきほん》が、ともに「邪馬臺国」などとあっても、『魏志』の原本にそうあった証拠とはみなしがたい。しかも現存刊本のもとをなす『三国志』裴松之《はいしょうし》注の成立が五世紀、『後漢書《ごかんじょ》』李賢《りけん》注の成立が七世紀、さらに『梁書《りょうじょ》』『北史』『太平御覧《たいへいぎょらん》』などが七世紀以降だから、その記述から『三国志』の原本を改定する根拠とはならぬ、として「邪馬臺国」は「邪馬壹国」が正しい、すなわち従来の邪馬台国論争の対立全体が瓦解する、との史料批判をおこなった。

この古田説に対しては賛否両論が出されて、問題関心の大きさを示したが、反対論としては五世紀成立の裴松之注の原本そのものをみず、その現存刊本は十二世紀の紹興本・紹熙本で、その七〇〇余年間に「臺」が「壹」に誤写・誤刻された可能性もあるほか、これより『後漢書』のそれが古いことなどを理由に、近年しだいに考慮しない研究者がふえている。その代表的なものに、先の尾崎「邪馬壹国について」（『人文』一六、一九七〇年）があり、牧健二・大谷光男・坂元義種・大庭脩ら諸氏も古田説をきびしく批判した。一方、古田氏は『「邪馬台国」はなかった』（一九七一年）を刊行、九州王朝説を展開し、邪馬壹国の比定地としては、第一候補に室見《むろみ》川流域と周辺山地の地域、第二候補に那珂川と御笠川の流域を挙げ、三世紀卑弥呼の壮麗な宮殿址が福岡市域（含、周辺）の一角に、地底深く眠りつづけており、その墓域の一端が須玖《すく》遺跡であることは確実だとした。古田説の影響をうけて、邪馬壱国を宮崎県延岡《のべおか》市構口、末盧国を福岡県席田郡に比定する説も現われたが、大方の認めるところとはなっていない。

近年の邪馬台国＝九州説

近年の邪馬台国論争で、特に九州説のなかでもっとも大きな役割を果たしたのは、安本美典『数理歴史学―新邪馬台国―』（一九七〇年）以下の厖大な著作群である。ここで同氏は、卑弥呼を天照大神とみ、『記・紀』の神話の舞台は九州と山陰地方であり、特に「高天の原」を思わせる地は筑後川中流域（左岸部）の夜須《やす》郡であって、北九州と近畿大和との地名の一致、『魏志』記載の出土遺物の九州・近畿・関東との対比などから、神武東征と邪馬台国東遷説を論ずる。そして、邪馬台国の中心地を夜須郡に求める甘木・朝倉説は、一九九一年の弥生時代の環濠集落《かんごうしゅうらく》跡（平塚川添遺跡）の発見もあり、邪馬台国＝九州説をリードするものとなった。

昭和六三年（一九八八）の発掘調査に始まった佐賀県神埼《かんざき》郡の吉野ケ里遺跡《よしのがりいせき》は、弥生時代を代表する一大環濠集落で、外濠内に内壕・中壕に囲繞《いじょう》された内郭二つがあり、そこには物見《ものみ》櫓《やぐら》や掘立柱の高床建物・竪穴《たてあな》住居址をふくみ、弥生中期の王墓級の墳丘墓、そこからは青ガラス製の管玉《くだたま》、有柄銅剣や鉄器類などが厖大に発見された。それが『魏志』の邪馬台国の女王卑弥呼の「居る処の宮室は楼観・城柵厳かに設け」という記事を彷彿させるものだったこともあり、ここが邪馬台国だとか、あるいは邪馬台国＝九州説を一時的ながら大きく引き上げる契機となった。

この吉野ヶ里は、その立地条件などから居住人口は二、三〇〇〇戸以上には達せず、弥生後期は北方の三津《みつ》永田《ながた》遺跡などに権力の中心が移るといわれ、また、奴国《ぬこく》より数日の行程であるため邪馬台国への「水行十日、陸行一月」に合致せぬとして、否定的な見解も少なくない。もっとも、奥野正男『吉野ヶ里遺跡の謎』（一九九〇年）などは積極的に邪馬台国＝吉野ヶ里説を主張し、『考古学から見た邪馬台国の東遷』『鉄の古代史』等々、安本氏に相ならぶ九州説の論者でもある。七田忠昭『日本の遺跡二・吉野ヶ里遺跡』（二〇〇五年）も、同遺跡の発掘担当者として同じ見解を示すが、他方、高島忠平『邪馬台国が見えた』（二〇〇一年）などは、吉野ヶ里より遠望できる位置（筑後八女・山門地方）に邪馬台国の存在を想定する。もっとも、畿内大和論者のなかには、同遺跡が『魏志』の倭の「三十国」にみえるという確証はどこにもなく、「旁国」にもふくめられない、との意見もある。

次に、邪馬台国＝九州説をとる文献史学者には、門脇禎二《かどわきていじ》・鈴木靖民・小澤毅・平野邦雄ら諸氏があり、このうち前三者は、『魏志』に狗奴国の官名「狗古智卑狗」とあるのを肥後菊池郡にちなむとするし、小澤「邪馬台国の所在とその意味」（『列島の古代史』三、二〇〇五年）は、『魏志』の里数を伊都国～邪馬台国間一五〇〇里と計算、女王国が北九州

表2　原始・古代日本に関する中国史書

書　名	巻数	収載の時代	撰　者
漢　書	100	漢（前202〜8）	班固（？〜92）
後漢書	120	後漢（25〜220）	范曄**（398〜445）**
三国志	65	三国（220〜280）	陳寿**（233〜297）**
宋　書	100	宋（420〜479）	沈約（441〜513）
隋　書	85	隋（581〜618）	魏徴（580〜643）

の範囲にあり、また邪馬台国までの「水行十日、陸行一月」を隋使裴世清の筑紫〜飛鳥間の日程と比較して過大な日数でない、とした。さらに、平野『邪馬台国の原像』（二〇〇二年）は、「卑奴母離」（夷守）の概念からして、三世紀当時の畿内ヤマト政権がこれほどの密度で北部九州に配置できたとは思われぬとし、また『魏略』『魏志』と、後に叙述された『後漢書』の記述とでは、九州を軸とした方位が本州を軸としたものへ変化しているなど、三世紀〜五世紀のあいだの政権の変化を指摘している。先の狗古智卑狗、里程などの国語学的かつ短里・長里説の問題などの批判も生じうるが、これなど避けられる論点であろう。

近年の邪馬台国＝畿内説

他方、邪馬台国＝畿内説は、大多数の考古学者や民間の地域史研究家にみられ、単著やシンポジウムをまとめた論集、論争史や解説書など多彩である。その厖大な数量のなかから、九牛の一毛に近い若干の論著のみをとりあげたい。

まず、戦前から論議の多かった三角縁神獣鏡については、森浩一「日本の古代文化」（『古代史講座』三、一九六二年）が小林行雄説に対し、中国大陸から一面も出土していないことなどから、帰化系工人による倣製鏡だと批判したが、王仲殊《おうちゅうしゅ》『三角縁神獣鏡』（一九九二年）も不出土を認めて、日本渡来の呉《ご》の工人が神獣鏡・画像鏡を参照しながら製作したものとみた。もっとも、三角縁神獣鏡の分布論や編年論も進み、この鏡をふくめた魏鏡は、従来の中国鏡の形式を復古・再生した倣古鏡で、魏の官営工房で製作されたとか、邪馬台国に下賜するための特鋳鏡だから中国では出土しないとの説も出された。都出比呂志《つでひろし》「邪馬台国から倭政権へ」（『邪馬台国と安満宮山古墳』一九九九年）は、初期古墳が多い吉備《きび》〜大和の一帯を「前期古墳中核ベルト地帯」と呼んだが、この地帯を西本昌弘「邪馬台国論争」（『日本歴史』七〇〇号、二〇〇六年）は投馬国（吉備《きび》）と邪馬台国（大和）を結ぶ交通路上にあたり、魏使が通った道である、とする。

　最後に、邪馬台国＝畿内説の中核をなすのが奈良県桜井市の纏向《まきむく》遺跡で、ここには箸墓《はしはか》古墳など古式の前方後円墳六基を数える。笠井新也氏以来のこの箸墓古墳を重視する説を代表するものに、寺沢薫『王権誕生』（『日本の歴史』二、二〇〇〇年）・石野博信『邪馬台国の考古学』（同年）や、柳田康雄『九州弥生文化の研究』（二〇〇二年）・白石太一郎編『倭国誕生』（『日本の時代史』一、同年）以下が挙げられる。

このうち寺沢説は、纏向の地に都をおいたヤマト王権の系譜を、北部九州の伊都国からの東遷に求めるが、これは政権の東征ではなく、またヤマトの拠点母集落のうちでも中核的で最大規模の唐古遺跡からの移動ではなく、これを吸収・消滅させたものとする。そこでの権力母体は、奈良盆地や近畿中心部の部族的国家連合でもなく、「筑備播讃」など西日本各地の部族的国家連合による連合政権であって、その主導権はキビ（吉備）国が握っていたという。そして伊都国に大率を設けたのは、この政権であって邪馬台国ではなく、投馬《つま》国を中・東部瀬戸内の部族的国家群全体、狗奴国を濃尾《のうび》平野とみる。これに連動するのが、柳田氏の伊都国東遷説である。

石野説では、卑弥呼の邪馬台国は二世紀末〜三世紀中葉の倭国の政治・宗教の中枢であるから、これが考古資料にどう反映されているかを、日本列島各地の居館・祭場・墳墓・流通拠点に求め、列島最大規模の墳墓の造営地（纏向遺跡）で遠隔地交易の中枢地の纏向を、倭国の中枢地である邪馬台国の有力候補地とした。石野説も、寺沢氏が箸墓古墳の年代を三世紀後葉から末とし、その墓主を『晋書《しんじょ》』や『梁書』が記す泰始二年（二六六）、台与（壱与）の後に立って、西晋《せいしん》王朝に入貢し爵命をうけた男王に擬していることの批判的検討の上に、「箸墓古墳が最初の倭国王である卑弥呼の墓である可能性がきわめて大きい」とし、この箸墓古墳に代表される画一的な大規模古墳造営のシステムは卑弥呼の死を契機として創り出されたとみている。

なお、日本の古墳創始期は三世紀前半には溯らぬというのが小林行雄氏以来の正統的理解であったが、近年には漸次かつ急激に溯らせる傾向の目立つことが指摘されている。纒向遺跡のうち箸墓古墳の築造については、先の寺沢・石野・白石三氏、それに近年の森浩一氏などは三世紀後半から末とし、田辺昭三氏は四世紀前半、纒向遺跡の発掘に携わった関川尚功氏は四世紀中頃、斎藤忠氏は四世紀後半に比定する。最近では菅谷文則氏が三世紀中ごろとし、これに先行する同遺跡の纒向石塚・ホケノ山古墳を二一〇～二五〇年ごろとしたが、石野氏が後者を二世紀末、関川氏が三世紀後半と、一〇〇年ほどの年代隔差をみる。

これでは初期古墳の築造年代を決定する考古学的方法そのものに疑念を抱かれ、邪馬台国＝九州説をとる考古学者からさえ、纒向遺跡の築造年次の大幅引き上げは、全国一率、特に九州の初期古墳も同じにすべきだとされ、初期の前方後円墳の形態が中央より地方（九州など）に分布・伝播したとする方程式を根本から考えなおすべきだ、との意見を生むことになった。そこには、九州の方が畿内地方よりも早いという認識が内在する。

交通史からのアプローチ

以上、述べてきたように、本章では、日本国家の形成・特質理解に深くかかわる邪馬台国に関する論説・研究を、編年的に適宜ピックアップしながらも、一方的な論評は避けてきた。これを読むとき、特定の作家などによる激しい批判もみられはするが、永年にわたり学者など専門研究者、多くの在野の人びとが真摯にこの問題の解明にとりくんできた姿を垣間みることができる。邪馬台国論争は、これだけ多大かつ豊富な蓄積があり、その具体像・特質が目前に浮かびあがっているのだから、これを摂取し活用するとき、新たな地平は意外に早く拓かれるのではなかろうか。私は交通史研究の立場から、若干の接近をこころみたいと思う。

なお、本章では、邪馬台国の研究史は、主に三品彰英編『邪馬台国研究総覧』（一九七〇年）、佐伯有清『研究史邪馬台国』（一九七一年）・同『研究史戦後の邪馬台国』（一九七二年）・同編『邪馬台国基本論文集』ⅠⅡⅢ（一九八一～八二年）に依拠した。このほか、橋本増吉『東洋史上より見たる日本上代史研究』（一九五六年）、水野祐『評釈・魏志倭人伝』（一九八七年）、『榎一雄著作集』八巻（一九九二年）、さらに、原田大六『邪馬台国論争』（一九七〇年）から古田武彦編『「邪馬台国」徹底論争』（一九九二年）、岡本健一氏の同名著書（一九九五年）、安本美典『「邪馬台国畿内説」徹底批判』（二〇〇八年）などにいたる論争史、シンポジウム関係の書は非常に多くて興味深く参照したが、ここでは関連の著書・論考名の掲出はすべて省略した。

邪馬台国への魏使の通路

帯方郡より伊都国まで

帯方郡より対馬国まで

『魏志《ぎし》』倭人伝《わじんでん》は、次の有名な文章で始まる（特に原文に返り点をつける）。

倭人在㆓帯方東南大海之中㆒。依山島為国邑。舊百餘国。漢時有㆓朝見者㆒。今使譯所㆑通三十国。

これは『漢書《かんじょ》』の記述をうけたもので、現代風に読みくだすと、倭人は帯方《たいほう》郡の東南の大海中にあり、山島によって国邑《こくゆう》（集落国家）をなしている。もと一〇〇余国があったが、漢（前漢・後漢）のときに朝見（皇帝に朝貢、拝謁）する者がいた。いま、魏に朝見の訳官通弁の言によれば三〇国がある、ということになる。

帯方郡は魏の時代に設置されたもので、郡の治所は現在のソウル周辺にあてる説が有力。

漢代には楽浪《らくろう》郡（治所は平壌）のみであったが、後漢の献帝《けんてい》のとき、これを収めて楽浪・帯方二郡に分け、前者を朝鮮半島の北部（夫余《ふよ》・濊貊《わいばく》民族）、後者を南部（倭韓民族）の統制にあたらせる策がとられた。これ以降、「郡」とはすべて帯方郡をさす。「三十国」とは、『魏志』のいう狗邪韓国《くやかんこく》・対馬国《つしまこく》・一大《いき》（支）国・末盧国《まつらこく》・伊都国《いとこく》・奴国《なこく》・不弥国《ふみこく》・投馬《つま》国《こく》・邪馬壹《やまい》（臺《たい》）国《こく》と、「旁国《ぼうこく》」（後述の二一ヵ国）の合計数で、これ以外にも数多く存在したようである。狗邪韓国が倭に包摂されることは、次の文章で明らかである。

従㆑郡至㆑倭。循㆓海岸㆒水行。歴㆓韓国㆒。乍南乍東。到㆓其北岸狗邪韓国㆒。七千餘里。

帯方郡の治所より倭にいたるには、朝鮮半島の海岸沿いに水行し、韓国を歴《へ》て、あるいは南へ、あるいは東へ行き、その（倭の）北岸の狗邪韓国にいたる、ここまで七〇〇〇余里である。「韓国」とは、三韓すなわち馬韓《ばかん》・辰韓《しんかん》・弁韓《べんかん》の総称。「其北岸」の「其」は、倭・韓国のいずれとも解釈できる余地もあるが、文意および狗邪韓国が倭の領域だったための表現とみる通説に従う。狗邪韓国は弁韓狗耶国すなわち加耶国で、金海《きんかい》府付近。弁韓は弁辰一二ヵ国という小国家群によって構成された。なお、「乍」は、「しばらく」「ちょっと」と訓むべきだとの説もある。狗邪韓国の中心領域にある金海市酒村面の良洞里の墳墓群からは、後漢時代の方格規矩四神鏡《ほうかくきくししんきょう》や鉄剣・鉄矛・ガラス製装身具などが出土し、同市の会峴里《かいけんり》貝塚や丘地の環濠集落《かんごうしゅうらく》遺跡は九州のそれと共通する。

魏使は、狗邪韓国の洛東江口の西岸にある港から、これまでの沿岸航行（「水行」）とは一転して、対馬への渡洋航海（「渡海」）の途につくことになる。

始度（渡）一海。千餘里。至對馬国。其大官曰卑狗。副曰卑奴母離。所居絶島。
方可《ばかり》四百餘里。土地山険多深林。道路如禽鹿徑。有千餘戸。無良田。食海物
自活。乗船南北市糴。

ここから初めて朝鮮海峡を渡海すること一〇〇〇余里（約三二里余）で、対馬国にいたる。同国の大官を卑狗、副官を卑奴母離《ひなもり》（夷守）という。この居住地は絶海の孤島で、四方は四〇〇余里ほどである。ここは山が険しく、深い森林が多くて、島内の道路は鳥や鹿の径《こみち》（獣道）のようである。人家は一〇〇〇余戸を数えるが、多少の田はあっても良田がなく（焼畑耕作）、海産物（魚介・海藻）を採って自活し、航海によって南・北（倭・韓）両国と市糴《してき》（交易）している、ということになる。おそらく、海産物と米穀との交換売買であろう。

『魏志』には、対馬国王に関する記述をみず、また王墓や拠点的な大集落は未発見であるが、臨海の岬、丘陵上に多くの弥生墳墓があり、青銅広矛《ひろほこ》や青銅剣、一部に鉄剣も出土

している。特に上対馬町の塔《とう》の首《くび》遺跡（弥生後期）では、箱式石棺《せっかん》（五基）と、青銅広矛・方格規矩鏡・ガラス玉を出土し、豊玉町のシゲノダン遺跡（弥生中・後期）では船載・国産の青銅器・鉄器が出土した。美津島町のかがり松鼻遺跡（弥生後期）の石棺にもガラス玉・漢代の剣の把頭飾が出土したが、同町の根曾古墳群には全長三六・三メートルの前方後円墳がある（武光誠『魏志倭人伝と邪馬台国』）。対馬国の主邑は、弥生初めは三根浦にあり、後期中頃～終末期には仁位湾岸（豊玉町）の勢力が優位に立ち、中心が南下したことを遺跡・遺物が示す、ともいう（永留久恵『海人たちの足跡』）。

魏使は、洛東江口の港から渡海する際、船の修理や食料の補充、風待ちなどで、出発には若干の日時を要したと思われるが、途中で巨済島などを経由することなく対馬へ直通したようである。そのコースは、夏季は洛東江口から対馬の東岸にいたり、海岸沿いに航行して厳原《いづはら》に到着するが、これは前漢代（弥生前期）の『漢書』にいう「歳時をもって来り献見」する際などに利用された。他方、冬季は対馬の西海岸をめざして浅茅湾へ直進、竹敷津にいたるコースで、航海・造船技術の進んだ後漢代（弥生前期）から新たに拓かれたといわれるが（水野祐『評釈・魏志倭人伝』）、この場合、魏使は夏季の平穏な海況のときを選んで邪馬台国にむかっているので（後述）、厳原港へ直通したとみてよかろう。

又南渡二一海一千餘里。名曰二瀚海一。至二一大《(支カ)》国一。官亦曰二卑狗一。副曰二卑奴母離一。方可二三百里一。多二竹木叢林一。有二三千許家一。差有二田地一。耕田猶不レ足レ食。亦南北市糴。

対馬国より一大(支)国まで

対馬の、おそらく厳原港を出発した魏使は、ここからまた、南(正確には東南。後述)にむけて一海を渡ること一〇〇〇余里。この海を名づけて瀚海《かんかい》(大海。対馬海峡と玄界灘をさす)といい、一大国(一支国の誤記。後の壱岐《いき》国)に到着する。官(大官か)をまた卑狗、副官を卑奴母離(夷守)という。四方は三〇〇里ばかりで、竹木叢林が多く、三〇〇〇ばかりの家がある。(対馬国と比較して)やや田地があるが、田を耕してもなお食するに不足し、これまた南北(九州と対馬か)と市糴《あきない》をしている、というのである。

王都＝原の辻遺跡

この一大国の王都といわれるのが、壱岐石田町・芦辺《あしべ》町にまたがる丘陵を中心に広がる大規模な環濠集落、原《はる》の辻《つじ》遺跡(国特別史跡)である。ここは大正年中からの度重なる調査によって、勝本町のカラカミ遺跡(高地性集落)とともに壱岐を代表する弥生遺跡として知られてきた(岡崎敬『魏志倭人伝の考古学』)。後者が西海岸寄りで小丘の比較的狭い範囲であるのに対し、広さ・立地条件、さらに複数の多重環濠や関連遺物などの発見などによって、一挙に脚光を浴びるにいたった。

原の辻遺跡は、旧石器時代から中世にかけての複合遺跡で、特に紀元前二～四世紀の土器も出土するといわれ、東西三五〇メートルの楕円形状の平面内に、内濠・中濠・外濠（幅一一・五メートル）をめぐらし、外濠の内側の面積は二四ヘクタールにおよぶ。濠をつくるとき、掘った土は濠ぞいに盛りあげて土手状の防壁を築き、三重の濠・防壁をもって囲繞《いじょう》した。内濠と外濠のあいだの土層から稲の細胞の化石が検出され、丘の周りの低地が水田だったことを示している。先にみた『魏志』の三〇〇〇ばかりの家の農業は、壱岐の南端近くの内海なる深い入江に注ぐ幡鉾川の流域、深江田原を主な生産基盤としていたようで、原の辻台地下の低地はこれに連なる。

原の辻遺跡の標高一八メートルの中央台地では、直径〇・三～一・〇メートルの柱穴一一八個が発見され、板塀で囲まれた高床式の祭祀場跡といわれる。出土品も、これまでは金属器（銅鏡・銅剣・銅矛・銅鏃《どうぞく》・鉄剣・鉄鏃《てつぞく》など）・石器（石剣・石鏃・ガラス玉・かまど石）・木器（楯・機織具）・土器（甕・鉢・壺・高坏《たかつき》など）・銭貨（前漢武帝の五銖、新王莽《おうもう》の大泉五〇・貨泉）、卜骨・骨角器その他がみられた。近年の調査では、環濠内にびっしり埋蔵された各種土器類をふくめ数十万点が出土、引きつづいて環濠集落の東側、中心部に近い石田大原地区の甕棺墓が発見され、合計の甕棺数は七三基、石棺墓二一基にのぼる。この新山甕棺内や周辺から、弥生前期末〜中期前半の細形銅剣、朝鮮製の多鈕細文鏡《たちゅうさいもんきょう》や中国製の虺竜《きりゅう》文鏡の破片、ガラス小玉、水銀朱つきの銅鏃、管玉《くだたま》などが出土した。その後も、多数の銅鏃や青銅製のヤリ鉋《かんな》、さらに遺跡中心部の祭祀場近くから中広形銅鉾、青銅器製作用の鋳型（石英粗面岩《せきえいそめんがん》）なども出土、自身の工房で量産体制をとるようになっていた。

『壱岐国続風土記』（一七四二年）によると、壱岐の古墳は三三八基を数えるが、現在は二五六基の古墳を残し、うち芦辺・石田両町で九七基を占める。芦辺町深江栄触の大塚山古墳（円墳）が最古のようで、一部は破壊されて盗掘に遭っており、これに先行する王墓の発見は今後の課題でもある。

なお、内海と原の辻遺跡を結ぶ幡鉾川の近くから、弥生中期の長さ一〇㍍ほどの突堤二本（船着場）と、幅七㍍の通路が発掘された。突堤の基礎部分は、木材や樹皮などを敷いて地盤沈下を防ぎ、その上に盛り土と石垣を組む敷粗朶《しきそだ》工法で築くもので、盛土部分は玄武岩の礫《れき》で覆うといった、中国大陸のハイレベルの土木技術を採用していた。また、幅の広い通路は、古代律令官道に先行するもので、すでに当時、奴国など都市と平野部でも出現しているので（後述）、異とするにはあたらぬだろう。

一大(支)国より末盧国まで

魏使は、この王都（原の辻）に一定の休泊をとった後、先に溯った幡鉾川をくだり、内海から末盧《まつろ》国へむかって出航する。従来、この出港名を郷ノ浦《ごうのうら》、芦辺町背戸浦とする説もあったが（水野前掲書）、王都が確定し、しかも内海に面する印通寺には、後に古代官道優通駅に駅馬五疋が設定されて、ここが東松浦半島と結ぶ古代海陸交通の要地であった以上、この地とすることは動かないだろう。

又渡二一海一。千餘里。至二末盧国一。有二四千餘戸一。濱二山海一居。艸木茂盛。行不レ見二前人一。好捕二魚鰒一。水無二深浅一皆沈没取レ之。

また一海（壱岐海峡）を渡ること一〇〇〇余里で、末盧国に到着する。ここには四〇〇〇余戸があり、山の迫った海浜沿いに暮らしている。往く手は（夏季だから）草木が繁茂して、次の目的地に進む道筋は、前方の人影を見失うほどである。海辺では、海士《あま》（または海女）が魚や鰒《あわび》（鮑）を好んで捕獲しているが、水の深浅にかかわらず、皆潜水してこれを取る、というのである。

この場合、壱岐～東松浦郡名護屋《なごや》間が約七里余、唐津《からつ》までが約一〇里で、これが『魏志』のいう一〇〇〇余里であって、前者なら現在の一里が往時は一四三里、後者なら一〇〇里にあたるが、それでは到着地点はどこか。『肥前《ひぜん》国風土記』には、松浦郡値嘉《ちか》島に

「泊船之停二處《(処)》」があるとし、菅政友《かんまさとも》の説によった白鳥庫吉《しらとりくらきち》氏が魏使の末盧にいたった地点を求めたとき、内藤虎次郎氏は痛烈に批判し、その地点を「松浦郡名護屋付近」とし、水《みず》野《の》祐《ゆう》氏もこれに従っている。一方、森田悌『邪馬台国とヤマト政権』（一九九八年）は、「末盧は松浦を遺称としていると考えられ、佐賀県唐津市あたりに比定することが諸説に相異がない」と断定するが、果たしてそうか。

　私は、『魏志』倭人伝の時代の交通体系が、峻険な山間部などはともかく、王都や平坦地（台地・平野部）では一般的に形成されており、その地利的条件を踏まえて後の律令官道の原型が成立していたと考える関係上（後述の奴国・弥奴国〈吉野ヶ里遺跡〉も同じ）、後年の大宰府から壱岐・対馬への律令官道（航路）との重複部分やずれを考慮しながら措定したい。たとえば、大宰府から石瀬・額田・比菩・深江・佐尉（以上、筑前）、大村・賀《か》周《す》・逢鹿《おうか》または登望《とも》（以上、肥前）という駅路は、『魏志』にみる魏使の末盧・伊都・奴の各国経由の道筋と、直線部分を除けばほとんど一致すると推測される。

　これを前提として、肥前の大村〜登望の分をみると、まず大村駅は現浜玉町大村の大字五反田に比定されるが、筑前怡土《いと》郡（伊都国の後身）からは、筑紫山地の主脈西端の烽《とぶひ》がおかれた十坊《とんぼ》山西麓にある一八〇メートル余の峠を越えた大村大字渕上、そして五反田（駅家）

にいたる。これよりまたも烽がおかれた領巾振《ひれふり》(鏡)山の南麓を通って松浦郡家に到着、ここからは『肥前国風土記』にいう「鏡の渡」で松浦川を渡河、唐津市鬼塚付近から東松浦郡全体に平坦面を展開する上場《うわば》台地(玄武岩の熔岩台地)に登ったものとみられる。次の賀周駅は、『肥前国風土記』が記す景行《けいこう》天皇に誅滅された土蜘蛛《つちくも》海松橿媛《みるかしひめ》の松浦郡賀周里(唐津市見借)に比定されるが、ここから登望駅(呼子《よぶこ》町小友)までは、台地を北上して直線で約一三キロ、逢鹿駅(唐津市相賀)へはその途中の馬部から東へ折れて約一〇キロで、いずれも港津と一体的な駅家である。そして、現在の国道はともかく当時、逢鹿と登望とが海岸沿いの道で直接連結していたとすることは、起伏にとむ地形から相当困難とみられている(木下良「西海道肥前国」『古代日本の交通路Ⅳ』)。

もっとも、現在の呼子港は、壱岐―呼子のフェリーコースで交通量が多く、古くからの海路として栄えた港津《こうしん》だったともいう。しかも、弥生時代の人骨を多く出土する呼子町の大友遺跡と、右の呼子港とのあいだに小友の港津が位置するが、いずれにせよ魏使の着岸地点が、豊臣秀吉の朝鮮出兵時の名護屋城下の名護屋浦や唐津市街の中心地域でないことだけは確かであろう。おそらく、登望駅近くの港津(小友)に着岸、すぐ近くの上場台地に立って出迎えの役人らに、次の到着地を尋ねたときの返答が、玄界灘の右手の「東南陸行五百里」の伊都国であったはずである。この東南も、後述するように実際はほとんど真東にあたる。魏使は、この呼子から南下し、途中で左折して王都に休泊したと思われるが、その場所はどこか。

王墓＝桜馬場遺跡

さて最近、末盧国の王墓と推定される唐津市桜馬場遺跡《さくらのばばいせき》が再発見された。これは第二次世界大戦中に発見後、埋め戻して場所不明となっていたが、遺跡の再発掘による大量の副葬品が出土し、改めて同遺跡と確認された。先の発見時には甕棺《かめかん》のなかから、流雲文縁方格規矩四神鏡などの後漢鏡（二枚）、巴形銅器（三点）・有鉤銅釧（腕輪、二六個）などが出土していたが、今次甕棺の残骸とともに、巴形銅器片・素環頭大刀《そかんとう》・ガラス小玉・勾玉《まがたま》・銅鏡片などが発見され、特に後者は先の方格規矩四神鏡の欠落部分と判明した。その周辺からも内行花文鏡の破片や広形銅矛も出土している。これら桜馬場遺跡の出土品が王墓の副葬品だったことを示唆している。

唐津市域内には、これに先行するものとして、縄文晩期後半の菜畑遺跡が日本でもっとも早く稲作技術を導入したものとして知られ、宇木汲田遺跡《うきくんでん》では弥生前～後期の甕棺（一二九基）・土壙墓《どこう》または木棺墓《もっかん》（三基）と、その副葬品として青銅製の剣・矛《ほこ》・戈・釧《くしろ》、それに多紐細文鏡《たちゅうさいもんきょう》・碧玉《へきぎょく》製管玉・勾玉・ガラス玉などが集中的に出土し、柏崎田島遺

図５　桜馬場遺跡出土の方格規矩四神鏡（佐賀県立博物館所蔵）

図６　久里双水古墳

跡からは船載の前漢の日光鏡なども発見され、この地と中国・朝鮮半島との深い関係性をうかがわせる。なお、双水の丘先端の久里双水古墳（長一〇八メートル、前方後円墳）では、後漢の盤竜鏡（一枚）と管玉・刀子を出土した。これを『日本書紀』記載の松浦《まつら》県の県主が被葬者かとする説もあるが、三世紀後半～四世紀初めの邪馬台国最末期の末盧国王か係累の墓とみられている。

このほか、古墳前期に連なる遺跡として、二重の環濠をめぐらす久里天園遺跡、大型建物の跡を示す千々賀遺跡、高地性集落とみられる湊中野遺跡、台地上の中・小規模の集落跡や、大畦畔と小畦畔によって区画された水田も検出されており、四〇〇〇余戸を賄なうに足る平野部水田や台地、海浜における生活様態がうかがわれる。

魏使がみた海士

ところで先に魏使がみた、海士らの魚・鮑を捕獲・潜水する姿は、どの地点での状景であろうか。確かに『肥前国風土記』松浦郡《まつらのこおり》の条の「登望駅《ともうまや》」については、駅の東西の海に蚫《あわび》・螺《にし》・鯛・雑魚・海藻・海松《みる》などがあると記し、「逢鹿駅《おうかうまや》」に関しても駅の東の海に、同じ魚・藻などの名を挙げているが（ただし、後者には雑魚の記載なし）、これは港津近くに特定され、上場台地を南下した魏使一行が唐津湾沿岸の風景として見たことにはならなくなる。もし、海浜での状景とすれば、魏使は、王都と推定される現唐津市の中心街付近から海浜へ出、松浦川を渡河して鏡山の北麓の海浜伝いのコースをたどった可能性なきにしもあらずで、その場合は前記の律令官道のコースとは必ずしも一致しない箇所も生じる。魏使が鏡山の南、北両麓側いずれのコースをとろうと、その先は後世の律令官道大村駅から筑前に入る道筋しか考えられない。

なお、『魏志』は、末盧国の王のほか、官の存在について記していない。このため、橋頭堡や停泊港としての中継基地には首長などはなく、大倭の管轄をうけていたとか、同国は次の伊都国に包摂されていたとかの説も生じたが、先にみるように王の存在はほぼ確実であり、官吏の記載も書き落したとみれば、疑問は氷解しよう。問題は、末盧国が伊都国に代わる、邪馬台国を中心とした倭の九州諸国への対内外交通の拠点なのか、どうかという点であるが、これは後述する。

末盧国より伊都国へ

東南陸行五百里。到二伊都国一。官曰二爾支一。副曰二泄謨觚柄渠觚一。有二千餘戸一。世有レ王。皆統二属女王国一。郡使往来常所レ駐。

ここでは、末盧国（正確には呼子町小友付近）から海を隔てて眺望した東南（実は東）方向に、陸路を迂回しながら進むと、五〇〇里で伊都国に到着する。その長官を爾支（ニシ・ヌシ？）といい、副官を泄謨觚（シマコ？）・柄渠觚（ヒココ・ヘキコ？）という。一〇〇〇余戸がある。世々王がいて、皆女王国（邪馬台国）に統属している。郡使（帯方郡太守以下の役人か、その使者）が邪馬台国に往来するときは、必ず駐在するところである、というのである。

古代の律令官道に沿い、大村駅から筑前佐尉駅（糸島郡二丈町オノ原）までは山間部を通り、夏の「草木茂盛」する状景を呈するが、佐尉駅を経て福吉《ふくよし》付近から海岸線に沿うようになり、深江駅（同町深江の塚田南遺跡）に到達する。ここには掘立柱の建物四棟を持つ「深江駅家」（『万葉集』）の遺跡があるが、これより東にむかって直進すると（現在は県道）、伊都国の王墓群の一つ井原鑓溝《いはらやりみぞ》遺跡（前原《まえばる》市）にいたり、そのまま直進すると日向《ひなた》峠を越え、その真東が奴国の王墓群、須玖岡本《すくおかもと》遺跡（春日市）に達する。深江駅から右のコースと分れ、東東北の方向に進むコース（一部は国道ぞい）が律令官道で、次は比菩《ひぼ》駅（前原市）となる。その左手、北側は縄文前・中期の糸島水道をはさんだ斯馬《しま》国（糸島郡志摩町）と推定される（後述）。

伊都国の王墓群

伊都国の王墓群としては、古い順から三雲南小路・井原鑓溝・平原《ひらばる》の各遺跡が挙げられる。まず、三雲南小路の王墓は、文政五年（一八二二）甕棺と副葬品が発見され、これを福岡藩の国学者青柳種信《あおやぎたねのぶ》が『柳園古器略考』に精確な図面つきで解説したが、昭和四九年（一九七四）の福岡県教育委員会の発掘調査でも大型甕棺墓が発見された。前者の分は前漢鏡（三五面）、青銅製の剣・矛・戈、それに金銅四葉座飾金具、ガラス製の壁・勾玉・管玉、朱多量・水銀少量・朱入り小壺などで、後者のそれは前漢鏡（二二面）、ガラス製の勾玉・管玉、璧片垂飾、朱少量で、甕棺は方形周溝つき、日本最古（弥生中期後半）の王墓（前者が王、後者が王妃または王女の分）とみられている。

次に、井原鑓溝遺跡については、先の『柳園古器略考』に掲載された拓本では、方格規矩四神鏡（二三面）と巴形銅器（三個）で、鏡銘から中国新の王莽のとき前後（弥生後期前半）と推測されている。そして、『後漢書』倭伝にみる、安帝の永初元年（一〇七）倭国王帥升らが生口（一六〇人）を献じて請見を願った記事から、二世紀初頭、伊都国に「倭国」の王都が実在したとの説を普及させる現地資料となった。なお、平成一七年（二〇〇五）には、かつての出土地点に近い木棺墓から内行花文鏡の破砕片の副葬品が発見され、別場所からも同種の銅鏡が出土、王墓近くに王族クラスの集団墓があったとみられている。

最後の平原遺跡は、かつて原田大六氏を中心に発掘調査が進められ、同著『実在した神話』（一九六六年）、『平原弥生古墳―大日孁貴の墓―』（一九九一年）によって全貌がわかる。

その方形周溝墓《ほうけいしゅうこうぼ》内の割竹形木棺の内外から、直径四六・五㌢の日本最大の内行花文鏡以下、方格規矩四神鏡、「長宜子孫」「大宜子孫」の銘を持つ内行花文鏡など（三九面）、それにガラス製の勾玉・管玉・小玉・琥珀蛋白《こはくたんぱく》石、メノウ製管玉・鉄製素環頭大刀、多量の水銀朱が出土した。原田氏は、埋葬の人物を遺品から女性、それも天照大神の墓だとし、鳥居と墳墓と太陽信仰の三者を関連づけているが、一の鳥居と東方の日向峠を結ぶ直線上に王墓の大柱穴が発見されたことから、今後は神殿らしい大型建物の検出が課題とされている（柳田康雄『九州弥生文化の研究』）。

右の三遺跡が伊都国王の年代的推移を示すものであり、しかも、この王都を囲繞する環濠すらも発見されないところから、伊都国を倭国の政治・経済的中枢として高く評価し、これまでそれ自体の畿内大和の纏向《まきむく》への東遷説をも生み出してきた。しかし近年に発見・調査中の、伊都国に接し後年怡土城が築かれた、高祖山の北麓に広範に存在する丸隈山古墳以下の今宿古墳群（国指定史跡）は、日本列島でも古くて珍しい遺物・遺構をもつ前方後円墳（一一基、四～五世紀前半を中心とし、六世紀後半までつづく）と円墳（三五〇基以上）とからなる。これは伊都国王三遺跡の後継者がこの前方後円墳群の被葬者へ移行したことを示唆し、原田大六氏以来の伊都国の畿内東遷説をゆるがす存在となっている。

図7　平原遺跡出土日本最大の内行花文鏡（伊都国歴史博物館所蔵）

図8　平原遺跡発掘状況

伊都国の港津

それでは、こうした交易品はどの港津より船載したのか。これは糸島《いとしま》半島を南、北に分断してきた糸島水道（海峡）の、この時期の在り方にも左右される。私は、縄文前・中期までは海進現象で分断され、北側は「嶋」状態だったのが、その後の海退現象にともない、少なくとも弥生初期には北側と南側の先端、すなわち「泊」と「志登」とは連結し、糸島水道自体の分断になったと考えている。それは志登支石墓の存在と、後代ながら南北をつなぐ古代律令官道（伝路）が発掘されているからである。しかし、糸島水道など当初からまったく存在しないとする地質学者の説も近時普及しているが、昭和二八年（一九五三）の大水害時に加布里《かふり》湾～今津（博多）湾間が完全に水没、ひろく海峡状になった写真は、これを否定し去る。

この糸島水道の切断、南北連結を前提として対内外の海上交易を考えるとき、今山遺跡の蛤刃石斧などは、今津湾の横浜から直接か、または後年に大宰府の主船司がおかれた現・周船寺付近の港津からの積み出しと推測されるが、加布里湾側については、北側（斯《し》馬《ま》国）の「泊」というよりは南側（伊都国）の「志登」に隣接する潤地頭給《うるうじとうきゅう》遺跡（前原市大字潤字地頭給。ただし、志登支石墓群の南西側）が妥当かと思われる。ここからは甕棺墓と内行花文鏡・勾玉など、さらに一二一の掘立柱建物《ほったてばしらたてもの》跡、玉作の工房と道具、そして全長

図9　伊都国内の前方後円墳分布図（柳田康雄『九州弥生文化の研究』2002年による）

六メートル（推定）の準構造船の部材などが出土している（『前原市文化財調査報告書八九集・潤地頭給遺跡』）。玉の原材料・製品の輸出入などに利用されたのであろうか。

これ以外には、末盧国から伊都国への西からの入口で、後代の律令官道深江駅に近い深江港が、歴史地理的にもっとも妥当性がある。この地の井牟田遺跡（海岸線に面した砂丘上にある）からは、土壙群・溝状遺構・柱穴・井戸跡、それに青銅剣を副葬した甕棺墓が発掘された。集落端の谷からは、大量の弥生土器とともに、漢代以来の楽浪系土器・陶質土器が出土する。遺跡前面の遺跡は、斯馬国の御床松原遺跡とならぶ、対外交渉の要衝とみられる。

伊都国の市

『魏志』の伊都国の戸数を「千餘戸」とする記事は、ここに世々王がいて女王国に統属し、帯方郡使が往来時、常に駐留する場所にしては若干少ないようで、これを『魏略』逸文は「戸萬餘」と一桁違う戸数を記している。『魏略』が正しいとする説のほか、『和名類聚抄』や江戸時代の戸数などとの対比から『魏志』をとる説もあり、必ずしも一致をみてはいない。もっとも、郡使の常駐は、伊都国が邪馬台国の対外交渉の門戸、その関連事務を管掌する重要な役所、使館が設けられていたためであろう。『魏志』の記事の順序としては少し飛ぶが、次の文章を掲げる。

収二租賦一。有二邸閣一。国国有レ市。交二易有無一。使二大倭監レ之。自二女王国一以北、特置二一大率一。検二察諸国一。諸国畏二憚之一。常治二伊都国一。於二国中一有レ如二刺史一。王遣レ使詣二京都。帯方郡。諸韓国一。及郡使二倭国一。皆臨レ津捜露。伝二送文書賜遺之物一。詣二女王一不レ得二差錯一。

ここでは、田租《でんそ》以下の貢納物を収めるのに邸閣（高殿《たかどの》式の倉庫）がある。女王国傘下の各国には市（商業売買の場所、町《まち》）があって、有無の物資の交易をするが、その各国の交易は大倭《だいわ》に監察させている。女王国より以北には、特に一大率《だいそつ》という官職を置いて、諸国を検察させ、諸国はこれを畏れはばかっている。一大率は伊都国に常駐して治める。国中（倭国）には、刺史（中国の郡太守を監察するほどの行政官）のごときがあり、諸国の王が都（魏の洛陽）や帯方郡、諸韓国（馬韓・辰韓・弁韓）に使者を派遣するときや、帯方郡の使臣が倭国に来る際は、みな津（港津）に臨んで所持品などを検査し、先方からの文書や賜物・貢物を伝送して女王に献上、間違いがあってはならない、というのである。

右の文章に字句の説明を若干加えると、各国の市は、国内の民衆対象の物資交換の場というより、当時の経済水準から官設の交易の場、それが可能な王都の市街という意味あいを持ち、この交易を大倭が監察することになる。もっとも、この「大倭」については、魏、女王あるいは大和朝廷が任命した官人とする説などのほか、倭人の大人、一大率とみる見解、さらには「大」は衍字《えんじ》、美称としての大字を他国には用いぬとするものもある（湯浅幸孫『翰苑校釈』）。

伊都国の大率

次に、「一大率」については、一人の大率とみるべきであるが、従来これを大宰府と結びつけ、一大率の「ソツ」が後の大宰帥の「ソツ」と同じとする考え方もあった。実際、『日本書紀《にほんしょき》』『続日本紀《しょくにほんぎ》』に筑紫《つくし》の大宰関係の記事を徴すると、推古《すいこ》天皇の一七年（六〇九）の「筑紫大宰」に始まり、皇極《こうぎょく》・孝徳《こうとく》天皇のときまでこれがつづき、天智《てんじ》天皇の七年（六六八）から「筑紫率」、同一〇年に「筑紫大宰府」、天武《てんむ》・持統《じとう》天皇のときはおおむね「筑紫大宰」（ただし後者の三年閏八月は大宰帥、同六～八年は大宰率）、文武《もんむ》天皇二年から「大宰府」、同大宝二年八月から「大宰帥」が現われる。

これよると、伊都国の大率と古代律令制下の大宰帥・大宰府とは、語義上の関連性がうかがわれるが、大宰府は内政上は天長元年（八二四）以降、西海道《さいかいどう》の九国二島を総管し、対外的には軍事・外交を任務とする、別名「遠《とお》の朝廷《みかど》」（『万葉集』）ともいう特別な地方大官庁といわれている。その内政面については、管内諸国の正倉に収納された租米などは国田にあてるが府が監検し、調《ちょう》・庸《よう》・贄《にえ》・雑物《ぞうもつ》などは府に貢進させて府庫に納め、内外使節の接待・旅費、貿易の支払い対価などにあてる。そして、その残りの一定額を京進することになる。他方、外国使節や帰化人に対しては、来朝の理由を質問し、所持の文書・土産物を検査して中央政府に報告、その指示のもとに供給・安置・放却・上送の措置をとる（『国史大辞典』「大宰府」）。右の使節の饗応は主膳司が、客館は鴻臚館が担うが、船舶の管理・調査および修理などは主船司の役務となる。

この大宰府の帥（率）らの職掌は、先にみる伊都国派遣の「大率」、おそらくその下の「大倭」ときわめて類似している。ただ異なるのは、日本列島のうち本州・四国・九州などの相当部分を支配下に収めた大和朝廷と、これを継承する律令政府のもとで、大宰府が西海道諸国のほぼ全域を監察・管掌するのに対し、女王国（邪馬台国）の下で伊都国に治所を置く大率が、「女王国以北」の諸国をその対象とするという、支配領域の大小の差だけである。

大率が置かれた女王国以北とは、狗邪韓国・対馬国・一大（支）国・末盧国・伊都国・奴国・不弥国・投馬国の八ヵ国とする説もあるが（水野前掲書）、「其餘旁国」をふくめて取捨選択の余地もあるように思われる。そして従来ともすれば、邪馬台国の畿内論者は、大率を大宰府の先縦的官制、すなわち大和朝廷の派遣官とし、九州論者はこれに反対して女王派遣官としてきたが、大和朝廷云々を除けば大宰府の先縦的官制として差支えなかろう。

なお、松本清張は、右のいずれをも否定して、魏から派遣された官人とする。

伊都国より奴国・不弥国・投馬国まで

伊都国より奴国まで

『魏志』は、奴国《ぬこく》・不弥国《ふみこく》・投馬国《つまこく》への方位・距離・官職・戸数などを、次のように記している。

東南至奴国。百里。官曰兕馬觚。副曰卑奴母離。有二萬餘戸。東行至不彌国。百里。官曰多模。副曰卑奴母離。有千餘家。南至投馬国。水行二十日。官曰彌彌。副曰彌彌那利。可五萬餘戸。

ここでは、伊都国《いとこく》から「東南」（実は東）の奴国（福岡市博多区・春日市付近）にいたるには一〇〇里、官を兕馬觚（シマコ、島子?）、副官を卑奴母離（ヒナモリ、夷守）という。二万余戸がある。東（実は北東）行して不弥国にいたるには一〇〇里、官を多模（タモ?）、副官を卑奴母里という。一〇〇〇余戸がある。南（実は東南）、投馬国（ツマ・トウマ？）にいたるには水行（船）で二〇日、ここの官を弥弥（ミミ、耳＝美々？）、副官を弥弥那利（ミミナリ）という。五万余戸ばかりである、と。

右の読みくだし的な説明で、伊都国から「東南」（実は東）の奴国と記したのは、先に末盧《まつら》国の呼子《よぶこ》（小友）港の丘上から伊都国を遠望した方向がほぼ真東、そして伊都国の中心部、平原《ひらばる》王墓から日向《ひなた》峠の方向が真東、これを地図上に直線を引けば奴国の王墓群（春日市の須玖《すく》岡本《おかもと》遺跡）に到着するからであって、それは魏使が真夏に来訪したことにもとづく。魏使が春、秋分のころに来たのなら「東南」でなく「東」と記したはずであるが、真夏に来たため日昇の方向が真東より東南に四五度ずれて、「東南」へと偏差を生じたのである。したがって、『魏志』倭人伝の記事は、東西南北の方向を四五度、時計の針とは逆廻りに補正すれば、「東南」はすべて東、同じく「東」は東北、「南」は東南と修訂すればよく、その修訂の東南方向ほぼ直線上に邪馬台国とその主要な関係諸国（伊都→邪馬台→投馬の各国）は必ず存在するとみてよい。その場合、奴国以降については、どこを起点とする方位かを決定する必要があるが、それは目的地までの距離または日程といかに整合させるか、という問題を解決さえすればよい。これまで『魏志』の方位・距離などは大雑把で錯誤が多いとする論者もみられたが、距離はともかく、方位は右の修訂だけで事足りて、起点の措定さえ誤らなければ意外にやさしい問題となる。

奴国の地理的位置

この点に関説する前に、奴国の地理的位置についてみてみよう。奴国は、『後漢書《ごかんじょ》』倭伝に「建武中元二年、倭奴国、奉レ貢朝賀、使人自称二大夫一、倭国之極南界也、光武賜以二印授一」云々と記されている。この場合、「倭奴国」とは倭の奴国で、この「倭」は志賀島《しかのしま》より出土した金印銘「漢委奴国王《かんのわのぬ(な)こくおう》」の「委」に対応している。その奴国から貢物を奉じて朝賀したが、使者は自分を「大夫」と称している。奴国は、倭国の「極南界」であって、光武帝《こうぶてい》は賜うに印綬（金印紫綬《きんいんしじゅ》）をもってした、というのである。

　この倭国の極南界とは、何を意味するのか。それは後にふれる『魏志』倭人伝の「旁《ぼう》国《こく》」二一ヵ国の末尾にみえる「奴国」の後に、「此れ女王の境界盡る所なり」という表現によったもの、というのが通説である。もっとも、これでは女王国ひいては邪馬台国《やまたいこく》の極南界が伊都国に隣接する奴国であって、邪馬台国自体は『魏志』よりも一世紀半後に『後漢書』が執筆された時点では、伊都国などをふくめて畿内大和に東遷してしまっていたと読みとることもできる。それは、平野邦雄『邪馬台国の原像』（二〇〇二年）も指摘するように、当時史料に近い『魏志』と、はるか後年の歴史書である『後漢書』、さらには『隋《ずい》書《しょ》』での邪馬台国への方位記載が「南」北軸から「東」西軸へと変化してしまっていることも証明する。

この奴国は、『日本書紀』の仲哀《ちゅうあい》天皇八年条には「儺県《なのあがた》」、宣化《せんか》天皇元年条に「那津《なのつ》」とみえる地で、博多湾という絶好の大陸交易の地利的環境に恵まれ、福岡市博多区から春日市までを包摂する広域の後背地と、さらに「二萬餘戸」の民家を持つ、当時としては巨大な「国邑」でもあった。奴国の中心地と推定される須玖岡本遺跡は、数百基におよぶ弥生中・後期の埋葬遺跡で、王墓と推定される甕棺《かめかん》を中心として多数の甕棺から、三〇面以上の前漢鏡、青銅製の剣・矛・戈《ほこ》、ガラス勾玉、鉄器などが多数発見されている。また、注目されるのは、青銅器や勾玉などの鋳型《いがた》が出土して鋳造工房跡の存在も明らかになったこともあるが、博多区からは水田遺構として著名な板付《いたづけ》遺跡や、福岡平野のほぼ中央部に位置する那珂《なか》・比恵《ひえ》遺跡からは大型の掘立柱建物《ほったてばしらたてもの》や井戸（二〇〇基以上）、甕棺墓（八〇余基）、銅製の剣・鏃・鋤先・鋳型、木製の農工具・容器など、それに二重環濠などが発掘され、奴国の一拠点集落の姿を彷彿とさせるからである（下村智「奴国」『季刊考古学』五一）。

図10　須玖岡本遺跡出土の前漢鏡（複製品）

図11　須 玖 岡 本 遺 跡

特に注目されるのは、那珂遺跡群から古墳初頭（三世紀後半）、邪馬台国の女王卑弥呼《ひみこ》時代の奴国の幹線道路跡が平成一九年（二〇〇七）三月に発掘されたことである。これは道幅七メートル、その両側に側溝（幅七〇センチ・深さ六〇センチ）を持ち、長さは一〇〇メートルであるが、その北の比恵遺跡群などでも十数ヵ所で、断片的に側溝の跡が出土し、両遺跡のそれを結ぶと全長一・五キロメートルの直線道路となる。その沿道には今次発掘分の前方後円墳（長三〇メートル）や円墳のほか、那珂八幡古墳（長八四メートル、福岡平野最初の前方後円墳。三角縁神獣鏡《さんかくぶちしんじゅうきょう》や玉類出土）や多数の方墳が整然とならび、比恵遺跡群のそれも道路沿いに住居群や環濠などが規則的にならぶので、奴国では都市計画による道路と街づくりがおこなわれていたことがわかる。それは当時の中国における天文・暦術・測量術、これを踏まえた土木技術が、想像を超える早い時期に倭国内の主要な国邑へ伝播したことを物語るものであろう。

奴国・伊都国より不弥国まで

これを前提として、奴国から不弥国に進むとすれば、おそらく奴国の中心部から「東行」（東北行）一〇〇里の場所とみるべきであろう。

そこで、奴国の王墓群、須玖岡本遺跡付近から東北の方向にたどるとすれば、その直線上にまず「宇美《うみ》」（『古事記』仲哀天皇の項）・「宇瀰」（『日本書紀』神功皇后摂政前紀）という地名がある。ここは神功《じんぐう》皇后が応神《おうじん》天皇を産んだので「宇瀰」（現在は宇美町）の地名が生じたと記され、この地を不弥国に比定する者は、本居宣長《もとおりのりなが》以来数多い。ここは糟屋《かすや》郡の中心地域とされ、郡域での最大・最古の前方後円墳、方正寺古墳（長五三メートル・標高三六メートル）がある。これは箱式石棺を多用した古墳初期（邪馬台国時代）のもので、「景初三年」（二三九）・「正始元年」（二四〇）の銘を持つ三角縁神獣鏡を出土する。これまでは、三世紀中ごろとすべきを四世紀初頭とみてきたので、年次を半世紀溯らせると、卑弥呼と共生した不弥国の王および一族の墳墓となるという説もある（柳田康雄「光正寺古墳とその時代」『不彌国と倭人伝の国』）。なお、宇瀰を、太宰府市付近に求める有力説もある。

一方、右にいう直線をさらに延長すると、後に筑紫の穂波屯倉《ほなみのみやけ》のあった穂波郡、現在の飯塚市をふくむ嘉穂《かほ》郡穂波町などの一帯に達する。飯塚市の立岩《たていわ》遺跡は、弥生中期の甕棺（四基）から前漢鏡（九面）、銅矛、鉄製の剣・鉈《なた》・戈、素環頭刀子《そかんとうとうす》・ガラス製管玉、貝《かい》釧《くしろ》などを出土しているが、ここには石包丁の製造工房もあり、その製品は九州各地に分布していたようであって、立岩遺跡の被葬者を不弥国王とする説も根づよい。ここは遠賀《おんが》川に通ずる水陸の要地で、無視できない比定地であるが、念のため宇美町と飯塚市の地理的位置づけを、距離上の遠近度から測ってみよう。すなわち、伊都国～奴国間、奴国～不弥国間はいずれも「百里」なので、各国の中心地の、(a)三雲遺跡～須玖岡本遺跡間を基準とすると、(b)①須玖岡本遺跡～宇美の方正寺古墳間、(b)②須玖岡本遺跡～立岩遺跡間のそれぞれは、一対〇・四四対一・五の比率となる。したがって、宇美町か飯塚市・穂波町のいずれが適切かは、なお決することができない。

不弥国の比定地

これに対して、かつて笠井新也氏は、不弥国を玄界灘沿岸で博多より北方の津屋崎《つやざき》に求め、この港津より日本海航路をとり、出雲寄泊の後は敦賀《つるが》で上陸、越前→近江《おうみ》→山城《やましろ》を経て大和すなわち邪馬台国に入った、という著名な説を出した。その論理は、『魏志』のいう「東」は「北」、「南」は「東」とすべきで（九〇度=直角の回転軸）、奴国より「東行不弥国」にいたるというのは、「儺県即ち博多より北方」に求めることで、その距離「百里」は今日の津屋崎付近だというのである。もっとも、その南二十数町の地に福間があるが、「福間が転じて不弥となったとも考え得る」（転訛は逆）が、舟楫《しゅうしゅう》の便と距離一〇〇里により津屋崎説をとっている。

津屋崎町の在自《あらじ》剣塚古墳（全長一〇二メートル、前方後円墳）は、平成一五年（二〇〇三）の発掘調査により遺構から須恵器《すえき》の甕の破片数百片が出土し、この地域の支配者、胸形（宗《むな》像《かた》）君一族の墓とみられており、町内にはほかに五四基の古墳がある。また、同町の今川遺跡からは、日本最古とみられる弥生初期の銅鏃《どうぞく》が出土し、環濠《かんごう》集落もみられる。特に注目すべきは、宮地嶽《みやじだけ》古墳（円墳、金銅装身具・同透彫冠片などが出土）以下の須多田・奴山古墳群であって、これらは不弥国の候補地を示唆する存在感を示している。同国の官は多模、副官は卑奴母離である。後者は、対馬・一支《いき》・奴国など島嶼《とうしょ》や海辺の諸国にみられる副官、それも防衛担当という点からすれば、津屋崎・福間付近の玄界灘沿いに求めても、特に違和感はないように感じられる。なお、水野氏は、さらに北方の神湊から宗像神社を中心とした付近一帯を比定する。

他方、邪馬台国＝九州説に大きな役割をはたした榎一雄氏は、その方位を伊都国中心の放射状に求める立場から、「不弥国が奴の東百里ではなく、伊都の東百里であると（すれば）、那珂川の流域で、奴の北方、今の博多そのものに当りそうであるが」としながらも、「やはり太宰府か宇美の方面に比定するのが正しいであろう」と（『榎一雄著作集』八・邪馬台国）、不思議なことにみずからの方法論からはずれ、白鳥・橋本説に回帰している。それは同氏の季節的方位観にあいまいな面があったからであり、これを徹底すれば、伊都国の王都から「東行」（「東北行」）一〇〇里の場所は紛れもなく博多湾の東岸、香椎《かしい》付近におさまるはずである。この香椎の地は、『日本書紀』『続日本紀』にみえる「橿日宮、香椎宮」（仲哀天皇・神功皇后を祀る）や櫃日浦、また『万葉集』にみる「可之布江」など、宇美町と同じ糟屋郡に属する。内陸部に宇美町の方正寺古墳、海浜、港湾部の「阿曇」ら海人族、「夷守駅」などの存在は、不弥国の構造的特質を示唆するものといえよう。なお、同じ博多湾内に奴・不弥両国の港津《こうしん》が存在するのは不適当との考え方も生じようが、弥生後期の博多湾は現代と違ってはるかに奥地に入り込み、両港津が必ずしも接近していないこと、仮に接近していても政治的関係などで調和できる側面もあること、を考えるべきである。たとえば、後代の中世には、博多湾の支配をめぐって大友・少弐・大内三氏間で争ったが、少弐氏の没落後は残り二氏が地形に即した博多の分割統治を一世紀以上にわたって継続したことが、それを証してあまりある。

不弥国・伊都国より投馬国まで

最後の投馬国への行程はどうみるか。これまで、投馬国へは不弥国から南（実は東南）方向に水行で二〇日を要するということから、種々の考察がなされてきた。この場合、「水行」という以上、そこに出発の港津がなければならず、先の畿内大和説の笠井氏は不弥国を津屋崎付近に措定して、玄界灘から日本沿岸を東北、東行する方式をとり、投馬国を途中の出雲とした。その継承者も出てはいるが、飯塚市立岩遺跡を重視する研究者は、同じ畿内大和説でも、遠賀川をくだり玄界灘へ出、そして関門《かんもん》海峡から瀬戸内海を東上して大和に達するとみて、その途上に『魏志』の「旁国」の各国を適宜あてはめようとする傾向が大であった。主なものに、周防《すおう》玉祖郷《たまのおや》・備後鞆《びんごとも》・但馬《たじま》の各説が挙げられるが、それがただちに認められているわけではない。

他方、邪馬台国＝九州説においても、不弥国の各比定地から南方向をめざし、たとえば鶴峰戊申《つるみねしげのぶ》は筑後上妻《かみつま》・下妻《しもつま》郡（福岡県八女市一帯）説、吉田東伍《よしだとうご》氏は投馬は設馬《つま》の誤りとして薩摩国（鹿児島県西部）説、そのほか肥後託麻《たくま》、玉名《たまな》郡説などもある。本居宣長の日向児湯《こゆ》郡都万《つま》神社（宮崎県西都市）説は、その後も支持者は少なからず、特に榎一雄説の出現後はその地歩を固めたが、弥生遺跡の存在状況から否定的にみる意見も少なくない。それは上妻・下妻郡説についても同様で、これらは畿内大和説の論者から必ず出される批判でもある。

さて、不弥国から投馬国へのコースを、投馬国＝上妻・下妻郡説をとる場合、宇美町を起点とすれば、ここには海港がなく、また河川を利用するにも御笠川から鷺田川、ここを船越しして山口川をくだり宝満川に合流、運河で現在の久留米大橋の下流で筑後川に達する、等々の苦心惨憺たる行程を考案せざるをえない（服部四郎『邪馬台国はどこか』）。また、飯塚市を起点とすれば、遠賀川の支流を溯り、一部陸行して筑後川を利用し、その下流地点から分流を溯って八女《やめ》市方面に達するコースとなる。いずれも近すぎて、上妻・下妻郡説では「水行二十日」にそぐわぬ地点のようにも思われる。しかし、津屋崎・香椎の港津を出発すれば、海岸沿いに平戸経由で有明海に入るコースをとると、日数的には河川コースよりも有利となる。なお、方位は『魏志』は「南」とするので、その限りでは妥当であるが、正確な地図上では南東、したがって不適当となる。これは、次にふれる『魏志』の邪馬台国などへの記載順にたどるコースを採用した場合の宿命でもあろう。

そこで、榎説の伊都国を基点とした放射式のコースを採れば、どうなるか。そこでは、三雲遺跡など王墓群が密集する王都から、『魏志』の「南」（実際は南東）へ、地図上に直線コースを引くと、ほぼ正確に鳥栖《とす》・久留米・八女・山鹿・菊池各市を越えて、宮崎県の西都市に到達するのである。邪馬台国についても、『魏志』は「南」（南東）方向とするから、その途上の地域となる可能性が大となる（幅を少しひろげれば、三田川〜神埼町や熊本市も入る）。

放射式説の検証

それでは、榎氏の伊都国中心の放射式説は正しいのか。これが決しなければ結論に近づけないので、投馬国へ出発する前に、まずこの問題にふれておこう。『魏志』の行程記事は先に示してきたが、ここで改めて簡潔に再録すると、次のようになる。

(A)〔方位〕―〔距離〕―〔国〕

① 始、渡二一海一。千餘里。至二対馬国一。

② 又、南、渡二一海一。千餘里。至二一大国一。

③ 又、渡二一海一。千餘里。至二末盧国一。

④ 東南、陸行。五百里。到二伊都国一。

(B)〔方位〕―〔国〕―〔距離〕

⑤ 東南、至二奴国一。百里。

⑥ 東行、至二不弥国一。百里。

⑦ 南、至二投馬国一。水行二十日。

⑧ 南、至二邪馬壹国一。水行十日陸行一月。

このことから、従来、(A)(①~④)・(B)(⑤~⑧)を、順次に直線的に進むとみたのを(順次式説)、榎氏は「郡使往来、常所レ駐」の字句を援用、魏使が伊都国まで来て駐在し、その先の各国への方位を聞いて、その先の邪馬台国などへ行かなかったとみ、さらにその他の例証をも示して、伊都国放射式説を提示したのであった。この学説は、魏使が果たして邪馬台国にいる女王卑弥呼に接見できなかったか否かはいちおう措き、邪馬台国論争に対して非常に大きな影響力をあたえたが、それだけに批判も激しかった。たとえば、橋本増吉氏は「ただ奇を好むものとの感を与える以外に、何等の傾聴に値することの出来ないのは、予の遺憾とするところである。……単に筆者の修辞上の技巧趣味に過ぎないことを明示するもの」と痛罵した。これに類する意見も少なくなかったが、そのなかで特に注目すべきは、高橋善太郎氏の末盧国を中心とする放射式読解法の提示である（同「魏志倭人伝の里程記事をめぐって」『愛知県立大学文学部論集』一九・二〇）。

これは榎氏が狗邪韓国《くやかんこく》、特に伊都国のみに「到」が使用された事例により、伊都国を中心に四至的に記載されたとする見解を「至」「到」の区別なしと否定し、さらに『梁書《りょうじょ》』倭伝の記事が奴国以下をも「又」字がある例などから、直線行程とみて、水都の末盧国こそが投馬国・邪馬台国への出発点とする。そして伊都国は、末盧国から「東南」へ陸行五〇〇里にしていたるところだから、水路の出発点となるはずがない、というのである。

ほかに、吉野ヶ里を邪馬台国とみる奥野正男『邪馬台国はここだ』（一九八一年）も、末盧国起点説をとっている。この場合、魏使が投馬国・邪馬台国へ行くとすれば、榎氏のいう「歩行一日五十里」(『唐六典』)に従ったとして、伊都〜末盧国は一〇日を要するので、その日数の加算分はどう説明するのか、という問題がおきる。しかも、高橋氏が引用する『梁書』倭伝などの「又」字の例は、後代の改変であり必ずしも適切とはいいがたく(『太平御覧』も同じ)、伊都国の出入口の一つである良港深江津などが、「陸行五百里」の字句から水路の出発点となるはずはないとする論拠も薄弱である。その理由は後述するが、魏使が、榎説の放射式によれば伊都国の深江・潤・周船寺、さらに他説の順次(連続)式では不弥国の津屋崎・香椎、の各港津からも投馬国へ出航できるはずである。

投馬国へのコース

ここで魏使らが伊都国の海港から投馬国へむかう場合、(A)関門海峡から周防灘・伊予灘・連吸瀬戸《はやすいせと》(豊予海峡)、豊後水道《ぶんごすいどう》を経て日向灘に入る東廻りコース、(B)唐津湾から平戸瀬戸《ひらどせと》・西彼杵《にしそのき》沿岸(角力《すもう》灘)・天草《あまくさ》灘(または不知火《しらぬい》海・黒之《くろの》瀬戸)・薩摩半島沿岸(甑《こしき》海峡)・大隅《おおすみ》半島沿岸・志布志《しぶし》湾・日向灘に入る西廻りコースに大別されよう(投馬国＝上妻・下妻郡説をとれば、(B)のうち大村湾または島原湾経由有明海のコースであろうが、ここでは不採用)。

右の(A)の東廻りコースは、玄界灘以外に、周防灘以下の各灘が連続し、江戸時代の東九州大名などの参勤船隊が風・潮待ちなどで一〇日前後、港津内に滞留することなど稀ではなかった。日向灘に入ると、黒潮の北上に逆らうため、薩摩藩主島津氏などは細島港（日向市）で上陸、日向街道を延々南下せざるをえなかったのである。このコースには、途中に宇佐宮を中心とする遺跡がある。

次に、(B)の西廻りコースは、唐津湾を出ると壱岐《いき》水道、ここは日本海に入る黒潮に逆らい、特に平戸瀬戸までは航行中に難破すること多く、これを過ぎると角力灘・天草灘はきびしいので、本渡《ほんど》瀬戸から不知火海に入る航路がある。黒之瀬戸以外に長島海峡を経由するルートもあるが、その後はひたすら薩摩・大隅両半島ぞいに航行するが、特に困難をきわめるのが開聞崎から佐多岬で、黒潮の激流にぶつかる。しかし、この先は順流となるので、大隅半島の沿岸づたいに東北行して、志布志湾を越え、都井《とい》岬より北行すれば日南《にちなん》海岸、さらに宮崎平野の東岸を北上して、西都原《さいとばる》古墳群が集中する西都市（古代の日向国府）に達する。

その間、志布志湾の沿岸近くには一三〇余の古墳を持つ唐仁《とうじん》古墳群（最大の大塚古墳は長一八四㍍）・横瀬古墳（長一一七㍍）・塚崎古墳群などが集中する。これらは高塚古墳であるが、同じ地域には隼人《はやと》の墓という土壙群も多く、この両者共存が西都原古墳群以南の南九州の特性とされている。これを西都原古墳群との部分的な共通性にもとづき、この時代の各種墓域からみた同一範疇に包摂する考え方もある（白石太一郎編『シンポジウム・日本の考古学』四）。

日南海岸のうち広渡《ひろと》川流域とその近辺には、『記・紀』神話にちなむ油津《あぶらつ》・鵜戸《うど》神宮《じんぐう》などもあるが、宮崎平野に入ると、まず大淀川近くの丘陵には生目《いきめ》・下北方・本庄など各古墳群がある。このうち生目古墳群は、前方後円墳（七基）・円墳（一五基）・地下式横穴墓（五基）・横穴墓（九基）で構成され、一号墳は全長一二五㍍、三号墳も同一四〇㍍の前方後円墳で、これらの古墳群を四世紀代に日向の盟主権を掌握していたことを示すものともいうが、柳沢一男氏は、墳丘規格の比較検討から、一円墳を大和の箸墓類型の三世紀後半～四世紀初頭に措定する。本庄古墳群は七二基、ほかに生目七号墳と同じく、地下式横穴墳も存在する。

表3　九州諸国の前方後円墳

国　名	基　数
筑　前	142(5)
筑　後	44
肥　前	60(1)
肥　後	63
壱　岐	12
対　馬	4(1)
豊　前	38
豊　後	35
日　向	150
大　隅	12
薩　摩	1
合　計	561(7)

（出典）近藤義郎編『前方後円墳集成』九州編(1992年)による．

（注）（　）数字は前方後円墳の数．なお，今後，実例数の増加が見込まれる．

散在する遺跡群

近年注目されているのが、宮崎市の檍《あおき》一号墳（長五二メートル）の木塙槨《もくこうかく》（長七・二メートル、棺を板で囲む箱状の特殊な墓室）の発見である。これは九州では珍しく、奈良のホケノ山古墳をしのぐ国内最大規模のものである。この檍一号墳のある檍遺跡は、近くの江田原遺跡などとともに『記・紀』神話との親近性を持つところとされている。『古事記』の伊耶那岐神《いざなぎのかみ》が黄泉《よみ》の国より遁れて「竺紫《つくし》日向之《ひむかの》橘《たちばなの》小戸《おど》之阿波《のあは》岐原《きはら》」にいたって禊祓《みそぎはらえ》をしたという場所は、必ずしも定説化しているわけではないが（貝原益軒《かいばらえきけん》らの筑前説もある）、戦国武将伊東義祐《よしすけ》の『飫肥《おび》紀行』（一五六二年）などでは、この地で「神代より其の名は今もたちばなや　小戸の渡の舟の行く末」などと歌を詠み、『記・紀』神話の橘小戸を大淀川河口近くの小戸とする考え方が定着していたかのようである。

阿波岐原《あはきはら》町（旧名は檍村江田）の東部は、日向灘に面する広大な帯状の一ツ葉海岸の中枢部分を占め、近年はリゾートホテルのシーガイアで著名であるが、その一帯には景行《けいこう》天皇のときの創建という一ツ葉神社（稲荷社）、シーガイア・市営阿波岐原団地・石神遺跡（別名阿波岐原遺跡）がある。後者では、江田原遺跡と同じ弥生期のもので、石包丁などが出土し、また北側の山崎町にも弥生遺跡と古墳がある。阿波岐原町域には式内社の一つ、宮崎郡を代表する江田神社（祭神は伊耶那岐命《いざなぎのみこと》・伊耶那美《いざなみ》命）が鎮座するが、その建築様式は出雲大社造りで、近くに「みそぎ池」「天照山」などがある。その北側が石埼川右岸に位置し、東は日向灘に面する旧住吉村で、その大字塩路の小字青木は伊耶那岐命が潜濯《せんたく》して住吉三神を産んだ古蹟と伝え、この地の住吉神社は『日本書紀』巻九の神功皇后の新羅《しらぎ》出兵の箇所にみる「於二日向国橘小門之水底《ひむかのくにたちばなのおどのみなそこ》一所レ居《にいるところ》」の住吉三神として、後に筑前・長門《ながと》・摂津《せっつ》に神霊を分祀しているところから、わが国住吉神社の宗社とするが（「延喜式」神名帳からは外れている）、先の伊東義祐もこれを詠んでいる。いずれにせよ、この地域一帯には弥生遺跡が多く散在することを、『記・紀』神話との関連において指摘したまでである（拙著『九州・その歴史展開と現代』）。檍遺跡には環濠の拠点集落があり、付近の浮城遺跡では弥生中期後半～後期前半の水田跡がある。弥生遺跡は、その北方地域にも存在する。

日向灘に沿い、一ツ葉海岸をさらに北上すると一ツ瀬川で、その中・下流域には九州最大の西都原・新田原《にゅうだばる》古墳群や群小の古墳群がある。西都原古墳群（西都市）は、一ツ瀬川右岸の洪積台地と中間台地に位置し、前方後円墳（三二基）・円墳（二七八基）・方墳（一基）・地下式横穴墓（一〇基）・横穴墓（一二基）などで構成される、四世紀～七世紀前

図12　西都原81号墳出土の船形埴輪
（東京国立博物館所蔵）

半の古墳といわれる。このうち、平成一六年（二〇〇四）の地中レーダー探査によって、瓊瓊杵尊《ににぎのみこと》の陵墓と伝承される男狭穂塚《おさほ》（長二四九メートル、周濠を含む）が国内最大の帆立貝形古墳か造出付円墳《つくりだしつき》、木花之開耶姫《このはなのさくや》の陵墓と伝えられる女狭穂塚《めさほ》（長二二一メートル、同）が前方後円墳と判明し、いずれも五世紀後半というが、正確な年代は不明である。もっとも、翌年発掘された西都原八一号墳は、その出土土器から三世紀中ごろの築造とみられ、四世紀とされた西都原古墳群の築造開始が半世紀ほど溯り、前方後円墳は畿内大和から全国に拡張、影響をおよぼすという従来の考古学上の方程式を大きく突き崩すものとなった。これ以外にも、西都原一・七二・八八・九一号墳なども三世紀に溯る可能性が指摘されている。なお、小丸川流域には、持田・川南両古墳群などがあるが、持田古墳群（児湯《こゆ》郡高鍋《たかなべ》町）は台地上に、前方後円墳（一〇基）・円墳（一二三基）・

横穴墓（四基）により構成される。長一〇〇メートル以上の大規模古墳はないが、一二基で三角縁神獣鏡などを出土するなど、三世紀後半～四世紀前半のものとみられている。

この地域でも、下那珂遺跡（佐土原町）から絵画土器、銀代《ぎんだい》ヶ《が》迫《さこ》遺跡（新富町）から内行花文鏡らしき鏡片、持田中尾遺跡（高鍋町）・鎧遺跡（新富町）以下で環濠《かんごう》集落が発掘さ

表4　九州諸国の墳長100メートル以上の前方後円墳

国名	古墳名	墳長(m)	編年(期)
日向	女狭穂塚	177	5
〃	男狭穂塚	167～	4
大隅	唐仁1号墳	150	5～6
日向	生目3号墳	140	5
筑後	岩戸山古墳	138	10
日向	横瀬古墳	134	7
〃	生目1号墳	125	5
筑後	石人山古墳	120	8
豊後	小熊山古墳	120	3～4
日向	生目22号墳	119	6～7
豊前	御所山古墳	118	6～7
肥前	船塚古墳	114	7
豊後	亀塚古墳	113	5
日向	下北方1号墳	113	8
肥後	長目塚古墳	111.5	4～5
〃	天神山古墳	110	?
豊前	石塚山古墳	110	1
日向	川南39号墳	110	5
〃	菅原神社古墳	110	5
〃	茶臼原1号墳	110	6
肥後	弁慶ヶ穴古墳	105	9
筑後	法正寺古墳	104	?
日向	松本塚古墳	104	8
筑前	一貴山銚子塚	103	3～4
肥後	岩原双子塚古墳	102	5
筑後	石櫃山古墳	100～	?
日向	持田1号墳	100	5

（出典）　近藤義郎編『前方後円墳集成』九州編（1992年）による．
（注）　今後，実例数の増加が見込まれる．

れ、弥生時代の生産と日常生活の様相がしだいに明らかになりつつある。青銅器の出土が少ない、水田無しなどを宮崎平野の特徴として挙げ、投馬国の存在を否定する見解もみられるが、未・既発掘分をふくめ、古墳時代に先行する弥生時代の生産基盤を過小評価することはできない。宮崎郡ではないが、大淀川を溯り、岩瀬川を経て連なる都城盆地の平田遺跡では、弥生時代に南西諸島経由で北上したとみられる東南アジアの陸稲「熱帯ジャポニカ」と、朝鮮半島からの水田に適する「温帯ジャポニカ」との混在が炭化米のDNA分析で確認され、宮崎平野への移入も考えられている。

投馬国を、日向国児湯郡都万《つま》神社（西都市妻）に比定したのは本居宣長、次いで菅政友であり、現代では牧健二・榎一雄・水野祐・井上光貞ら諸氏である。田中卓氏は、榎説に立ちながら、末盧国より水行して五島列島福江島とするが、狭すぎて五万余戸を収めきれず、迂回路をとりすぎている（同『海に書かれた邪馬台国』）。都万の発音もさることながら、この地が西都原以下多くの古墳群が集まり、古代には日向国庁・国分寺・国分尼寺などの所在地で、政治・宗教上に枢要の都市として発展する基盤を有していたからである。『魏志』の記事、「可五萬餘戸」の数値は、奴国「二萬餘戸」に比べて若干多過ぎの感なきにしもあらずであるが、宮崎平野が南北に拡大した疆域《きょういき》とみればクリアーできよう。官名

「彌彌」（ミミ）・「彌彌那利」（ミミナリ）のミミは、神名のそれで尊号とされている。

伊都国より邪馬台国へ

『魏志《ぎし》』倭人伝《わじんでん》における「邪馬《やま》壹《いち》(臺《たい》)国」への最終行程は、次の記事である。読みくだし的な解釈から始める。

南㆓至邪馬壹国㆒。女王之所㆑都。水行十日陸行一月。官有㆓伊支馬㆒。次曰㆓彌馬升㆒。次曰㆓彌馬獲支㆒。次曰㆓奴佳鞮㆒。可㆓七萬餘戸㆒。自㆓女王国以北㆒。其戸数道里。可㆑得㆓略載㆒。其餘旁国。遠絶不㆑可㆑得㆑詳。

行程の方式と「水行十日陸行一月」

ここでは、南は邪馬壱(台ヵ)国にいたる。ここは女王(卑弥呼《ひみこ》)が都とする居所である。ここへは船で水路をとり一〇日、陸路で一ヵ月を要する。長官には伊支馬(イキバ・イキマ)がおり、次に弥馬升(ミマシ・ミマショウ)、次には弥馬獲支(ミマカシ)、次に奴佳鞮

（ヌカティ・ナカト）という。七万余戸ほどがある。女王国（女王卑弥呼が魏《ぎ》帝より金印紫綬《きんいんしじゅ》を賜わり、親魏倭王《しんぎわおう》の称号をうけたことから、その女王支配下の倭国を一括していう）の支配下の北方の国々（狗邪韓《くやかん》・対馬《つしま》・一支《いき》・末盧《まつろ》・伊都《いと》・奴《ぬ》・不弥《ふみ》などの諸国）については戸数、道の里程などを、ほぼ記載できるが、それ以外の「旁国《ぼうこく》」（傍国）の事情の詳細は、隔絶している関係上、逐一述べることはできない、というものである。

右の記載だけで邪馬台国へ到達するには、なお『魏志』の後段、すなわち「旁国」の各所在地がある程度明らかでないと正鵠を射がたいが、まずは後廻しにしてたどってみる。もっとも、そのうえで、「旁国」の枢要ないくつかの諸国を正しく措定できれば、ほぼ傍証は成功したことになる。前項でふれたように、邪馬台国への旅程を二つに分けると、

㋑　順次（連続）式で行けば投馬国出発コース

㋺　放射式ならば伊都国出発コース

となる。ここで、投馬国から『魏志』のいう「南」（東南）方向へ進むとすれば、太平洋上の海中ということになろうし、伊都国から「南」（東南）行へ進むときは、久留米・八《や》女《め》・山鹿《やまが》・菊池各市の線上で、若干の角度とひろがりを持つ地域と考えて差支えない。ここで、まず留意すべきは、㋑・㋺とも邪馬台国への「水行十日、陸行一月」の解釈と適用

の仕方である。

従来これを「水行十日」プラス「陸行一月」と加算的に理解してきたのに対し、志田不動麿氏は「または」と並列的に読みかえたが（同「邪馬台国方位考」『史学雑誌』八―一〇）、榎一雄氏はこれを適用、さらに高橋善太郎氏がこれを論証して、水野祐氏もこれに従っている。この両解釈については、中国人研究者のあいだでも議論があるようなので（岡本健一『邪馬台国論争』）、なお慎重に対処したいと思う。

加算説と並列説、順次式と放射式

周知のように、右の加算説では邪馬台国九州説に不利、畿内大和説に有利とみられがちだったが、並列説の場合とて瀬戸内海経由で大和に到達するには、「水行十日」はともかく、「陸行一月」が長すぎる期間となっていた。それは二つを加算すると、畿内大和をはるかに跳び越えて中部地方以東になるからである。そのため、笠井氏の日本海経由説も出されたが、一般的には「一月」→「一日」の誤記説が、九州説をとる論者と同様に出される状況となった。しかも、「一大国」が「一支国」、「邪馬壹国」→「邪馬臺国」の誤記という事例にみるように（榎前掲書）、『魏志』の記事のなかで若干の誤謬があるのは避けられず、したがって「一日」の誤記説も成り立つ可能性があるが、その証明は必要である。もっとも、並列的に読むと、たとえば榎氏の場合、『魏志』のいう、(A)帯方《たいほう》郡より伊都国までが集計して一万五〇〇〇余里、次に後掲の「自レ郡至二女王国一。萬二千餘里」にもとづき、(B)帯方郡より伊都国を経て邪馬台国までが一万二〇〇〇余里であるから、伊都より邪馬台国までは(B)―(A)＝一五〇〇里という数字は、『唐六典』の記事、歩行では一日五〇里の規定であることを活用すると、一五〇〇里÷五〇里＝三〇日（一ヵ月）で、伊都〜邪馬台国間＝一五〇〇里、「陸行一月」が見事に成立する。

これは井上光貞『日本国家の起源』（一九六〇年）、水野祐《みずのゆう》『評釈・魏志倭人伝』（一九八七年）など以下に適用されて、邪馬台国九州説に磐石の基礎をおくかの観を呈してきた。しかし、それだけに批判も多く、『魏志』にみる渡海時と九州内陸部それぞれの里数には無視できぬ隔差がみられること、しかも行程の日数と里数とを同一の次元で取扱うことなどへの疑問も出され、いまだ完璧な解釈には立ちいたっていないようである。それに、伊都国放射式では邪馬台国へ一五〇〇里なのに対して、従来の順次式では不弥国から邪馬台国へ一三〇〇里であるので、当時の一里の長さが現代のメートルでどの程度かで、邪馬台国の所在地が変動する余地がある。たとえば、魏・晋時代には一里＝約四三五メートル、隋・唐時代は約五三〇〜五六〇メートルであるが、『魏志』の里程記事と地図で実距離を対比すると短里説が出ざるをえず、たとえば古田武彦氏は一里＝約七〇メートル、白鳥庫吉《しらとりくらきち》氏─約八三メートル、安本美典氏─約九三メートルなど、必ずしも一致せず、邪馬台国＝博多、筑後山門《ちくごやまと》郡、筑前夜須郡（甘木《あまぎ》）説などとなってしまう（岡本前掲書）。

こうした短里説を避けて通るには、「陸行一月」＝一三（五）〇〇里説を乗り越えねばならないが、それには「一月」→「一日」の証明が必要となる。先の高橋氏は、陸路の距離は倭人からの伝聞によるもので、「一月」とは魏使をして陸路をとらしめないための倭人の方便から出た大きな数字ではないかと推測しているが、私もそれは妥当な考え方だと思う。

倭地の「周旋」をめぐる問題

右の点はいちおう措き、ここでは『魏志』が記した次の文章に手がかりを求めたい。

女王国東。渡海千餘里。復有レ国。皆倭種。又有二侏儒国一。在二其南一。人長三四尺。去女王四千餘里。又有二裸国。黒歯国一。復在二其東南一。船行一年可レ至。参二問倭地一。絶二在海中洲島之上一。或絶。或連。周旋可二五千餘里一。

ここでは傍線の箇所がキー・ポイントになるが、その前段の文章も無関係ではないので、まずは読みくだし解釈をしたうえで、論ずることにする。文意は、これまで倭の女王国（邪馬台国）にいたったうえで、その東（東北）方へ国境から一〇〇〇余里を渡海すると、また別に（女王国に従属しない）国がある。皆、倭人と同じ種族の国である。さらに、侏儒《じゅ》国があるが、これは（先の倭人の国）の南（東南）にあって、人の身長は三、四尺。女王国から四〇〇〇余里の所である。さらにまた、裸国《らこく》・黒歯国《こくしこく》があるが、これまた（女王国の）東南（東）にあり、航行して一年間で到着できる場所になる。倭の地（倭国）を参問（訪問）するに、海（大海）中の洲島に孤立して存在し、島嶼《とうしょ》のあるものは絶島、あるものは連結して、倭の地を周旋（一巡）すると五〇〇〇余里ほどとなる、というものである。

ここで傍線箇所の「倭地」「周旋」の意味を検討する必要がある。右の場合、「倭地」を倭国と記したが、それより前に挙げた倭人の国は文意上、除外しても差支えないが、この倭国とは、女王卑弥呼が都としている邪馬台国なのか、あるいはまた、これと統属同盟関係にあるとみられる狗邪韓国から不弥国までと、それ以外の「旁国」二一ヵ国（後述）をもふくむ倭の諸国の総体なのか、のそれでは「周旋」五〇〇〇余里ばかりの意味が異なるはずである。すでにふれたように、『魏志』は「其餘旁国、遠絶不レ可レ得レ詳」と記しており、実際にはこの「旁国」には直接「参問」していないようで、その挙げる国名も伝聞の域を出ないといってよい。従来、九州説をとる榎氏の場合、「狗邪韓国以南の地方を倭の領域と看做《みな》し、邪馬臺国を以て（広義の）女王国の最南の地となし、五千余里を算出したに相

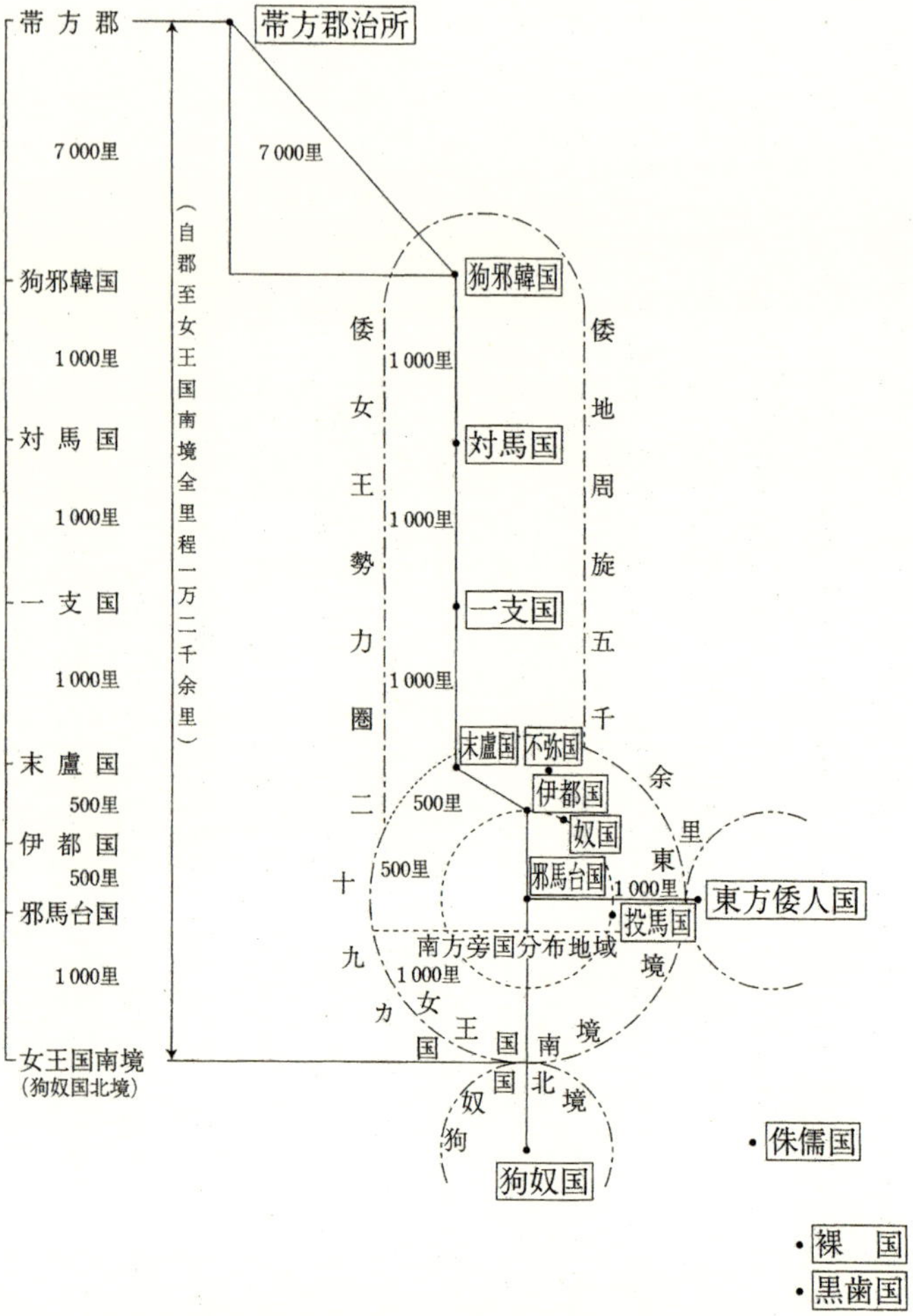

図13　帯方郡より女王国までの里程周旋図
(水野祐『評釈・魏志倭人伝』1987年による)

違ない」としたうえで、魏使が斯馬国以下、奴国までの二一ヵ国を挙げて「此女王境界所レ尽」と、これら諸国が女王国に属したと記しながらも、何ら具体的な知識がなかったので、周旋五〇〇〇余里という数字は「女王国以北、其の戸数・道里、略載すべき」ものについて述べたものにほかならない、とする。そこでは「旁国」二一ヵ国は除外されている。他方、水野氏は、「狗邪韓国つまり倭の北限から女王国の南限までは、（中略）五千余里となる」とし、「従来、周旋を周囲とか一周する義としたのは誤りである」と述べ、山田孝雄氏の「周旋の文字は、本来他を纏繞《てんじょう》するにあらずして、自己が旋転するの義なり」を採用する（山田孝雄「狗奴国考」『考古学雑誌』一二―八・一〇〜一二）。

　これでは倭の北岸、狗邪韓国から伊都国経由、邪馬台国まで五〇〇〇余里、片道距離そのものであるが、多くの読者は「周旋」を「周」「旋」各語彙の合体とうけとるはずである。『漢和辞典』をみると、「周」には、「いきとどく」（密）・「いたる」（至）「めぐる」（旋、繞）・「めぐり」（帀）・「かへる」（復）など、「旋」には「旗竿を回転させる」（周旋）・「めぐる」（転）・「かへす、かへる」（還）・「まるい」（円）・「水がめぐる・ふち」（漩・淵）・「めぐる」（繞）などの意味がある。両者を合体した「周旋」では、①「たちゐふるまひ」（周還）、②「とりもつ」（奔走）、③「追つかけあふ」、④「めぐる」（周游、周流）しかなく、この場合、④が最適かと思われ、海岸線に沿い周游する、という意味になろう。もっとも、「周」には「至る」「復る」の相反する意味もあるので、榎・水野両氏らの解釈（片道通行）となったのだろうが、「旋」には「還る」「円い」の語義もある。したがって、「周旋五千余里可《ばか》りなり」を「周囲五千里ほどである」と訳し、周旋を周囲と端的に解した訳があるのは当を得ている、という見解も生じうるのである（佐伯有清『魏志倭人伝を読む』下）。

こうした立場から、倭国の「周旋五千余里」を検討すると、その領域が真円に近いと仮定した場合、その直径は円周率で割ればよいから、長さ一五九〇余里となる（五〇〇〇余里÷三・一四＝一五九〇余里）。さらに、王都が国の中央部に所在したと仮定すると、ここを中心として半径七九五里のコンパスを回転させた分が倭国の領域となる（実際は楕円形と推定される）。その王都より半径の長さは、末盧～伊都間五〇〇里の約一・六倍、したがって右の倭国とは、①邪馬台国、②北部九州の諸国、③「旁国」二一ヵ国のうち、①のみか、①＋②か、①＋②＋③かといえば、①邪馬台国のみの可能性がきわめて大となる。この仮定が成り立つならば、邪馬台国への「水行十日、陸行一月」は、それを加算的に読んだ場合、問題の「一月」を「一日」の誤記と修正することは何ら恣意的ではなく、むしろ必然性を持つものということになる。その際は、水行一〇日後に陸地を一日かけて、王都へ「詣《いた》」ったとして差支えない。もっとも、わずか「陸行一日」のことを『魏志』が水行の後に追記するのも特異だという意見も生じうる。他方、「水行十日、陸行一月」を並列的に読む場合、「一月」の取扱いに留意さえすれば成立する余地は充分にあるが、ただし魏使の行程に「一日」の記事の有無は大きな重みとはならない。問題は、先の高橋氏が指摘するように、倭の役人は何ゆえに「一月」という数値を伝えたのかという点である。私は、伊都国では、魏使を陸行で邪馬台国へ連れて行くことを絶対避ける、との方針を堅持していたためと考えている。

外国使臣への対応政策

邪馬台国論争を解決するカギは、『魏志』の描く倭国の世界、そして魏使が伊都国駐《どま》りで邪馬台国へ実際到着したか否かの問題を後にゆずるとしても、彼が出むいたときの実際の行程と邪馬台国の位置を確定することにある。それは日本国家の形成過程と構造特質を把握するための大前提であって、この基本作業を差置いての論議は、やはり隔靴搔痒《かっかそうよう》の感をまぬがれないだろう。その一つのヒントが、原始的国家と古代律令制国家との関係性である。例えば、邪馬台国時代の伊都国派遣の大率と、飛鳥・奈良・平安時代の筑紫大宰府の大宰帥《だざいのそつ》（率）との大きな類似性については前述したが、少なくとも前者と後者とのあいだには、時代を超えての伝統的な同質性があることを否定できない。そこで、後者から前者を溯及的に復原することが、問題解明の一つの途でもある。さらに後代、江戸時代の幕府権力の対内外関係、具体的には長崎奉行の九州大名監察権、渉外関係の職掌などにも、古代以来の伝統性が維持されていたことに留意する必要がある。

これを先と重複しないかぎりで述べると、古代国家では、隋《ずい》・唐《とう》・新羅《しらぎ》などの中国・朝鮮使節以下が来朝すると、彼らはまず大宰府に国書などの文書を持参、来意を告げる。大宰府では、使節を研問したうえで朝廷（太政官《だじようかん》）へ上申、または却下などの措置を講ずる。上申のときは、駅使をもって山陽道の陸路を走らせ（大宰府〜京都間、六〜一二日間）、この間、使節は大宰府か博多湾に面した鴻臚館《こうろかん》に逗留して、太政官の回答を待つ。そして、駅使がもたらした回答次第で、本国へ帰還するか、朝廷参向の上京となるが、後者の場合、大宰府は件の水先案内の誘導で船を瀬戸内海にすすめて、難波の鴻臚館へ、そして朝廷のもとに参向させる。その後は、逆のコースで博多湾へとむかう。この方式が、伊都の大率の下で、すでに実施されていたものと推察される。

したがって当然、伊都国の大率らは、帯方郡使らを直接陸行で邪馬台国へむかわせず、これを陸行一ヵ月を要する遠路であると信じさせて、鴻臚館（筑紫館）の前身にあたる伊都国の客館に滞在させる一方、みずからの使者（後代の駅使）には陸路、女王卑弥呼のもとへ国書などの文書や賜遺《しい》の物品の特定部分を持たせて急行させ、数日後に到着のうえ、接見などの諾否回答をうけて、伊都国へ帰還したはずである。そのうえで、伊都国の水先案内が、おそらく伊都国境の潤地《うるうじ》頭給《とうきゅう》遺跡か深江の港津を発し、唐津湾経由で平戸瀬戸の急流を溯り越えたのである（この場合、魏の邪馬台国への出発起点を末盧国とするのが難しいことは、『魏志』の「水行十日、陸行一月」の記事の検討と末盧～伊都国間＝陸行五〇〇里との関連、さらに伊都国での大率・津と、文書および賜遺の物の伝送などの記事によって明らかである）。

　このように外国使臣を国都に比較的近い場所からストレートに導入することは、原則としてタブーとされたのである。後代の江戸時代でも、外国使臣の応接は長崎奉行所の職掌で、幕府～長崎奉行との往復通信によって処理され、外国船が直接、江戸湾に入るなど、まったくの禁制であり、すべて長崎廻航後の奉行所経由を強いられた。諸大名の参勤交代においても、西南諸藩のように瀬戸内海の航路をとる場合、これが直接江戸湾へ直通することなどは厳禁（武器以外の携帯荷物は可）とされ、すべて東海道または中山道の各二大関所の検閲をうけねばならなかった。アメリカ使節ペリーの軍艦四隻が江戸湾に直接進入したのを契機として幕藩体制が直ちに倒壊した事実こそが、古代以来の統一政権が採用してきた伝統的な高等政策の意義をよく示している。

伊都国より島原湾口まで

このように、伊都の外港より東松浦半島経由で、九州西廻りの危険な「水行十日」のコースをとることは、「非常識で無法な行動」で、一〇日も停泊するのに途中の西海岸一帯に殷賑をきわめた港津や遺跡・遺物がないとする批判も生じようが（原田大六『邪馬台国論争』）、後述するように、遺跡・遺物が実は存在し、これが邪馬台国の高等政策であったとすれば納得もいく。そして、熟練した水先案内者の先導による魏使を乗せた船は、平戸瀬戸《ひらどせと》を越えて南下途中、西彼杵《にしその》《ぎ》半島の対岸、俵ヶ浦で、次のいずれかのコースをとらざるをえなかったのである。

(イ)　佐世保湾→針尾瀬戸→大村湾奥→船越（諫早《いさはや》）→諫早湾→有明海

(ロ)　西彼杵半島の西沿岸→角力灘→長崎半島の野母《のも》崎→天草《あまくさ》灘→早崎瀬戸→島原湾→有明海

右のうち、(イ)の針尾瀬戸は、現在は西海橋の架かる急流であるが、大村湾は平穏な内海である。湾奥の船越（諫早市）は、律令官道の船越駅が置かれた地で、本明《ほんみょう》川南岸の平野をのぞむ台地上に位置しているが、「地籍図」では小字船越のほか低地に埋津・船繋・大汐手・海老取・浜田などの地名がみられる。大村湾と諫早湾とを陸上短距離で連結するのが船越しで、弥生時代から大いに利用されたようである。諫早湾の正面にあたる有明海の対岸は、大牟田市～長洲町で、少し北側に柳川市がある。

次に、(ロ)の西彼杵半島沿いには、大島・松島・池島、そして長崎半島の伊王島・香焼《こうやぎ》島・高島などがつづくが、天草灘に入るとすぐに樺島、そして早崎瀬戸では左に島原半島、右に天草諸島のうち下島・上島・大矢野島などがならぶ。『魏志』が、「海上の洲島の上に絶在し、或は絶え、或は連なり」と記した状景を呈するわけで、さらに右手に肥後の宇土《うと》半島から熊本・玉名両平野沿いを北上すると緑川・白川・菊池川が、筑後の筑紫平野沿いに矢部川・筑後川が、それぞれ島原湾・有明海に流入している。榎氏は、この行程で邪馬台国を矢部川上流の筑後山門郡（後に筑後川下流の御井郡）に求め、これと同じ場所とみる研究者も多いが、果たしてそうなるのか。

各河川の上流域には、弥生遺跡・古墳群が少なくないので、まず、天草下島からはじめ、宇土半島北岸および緑川流域を調査し、各個別の河川流域か、あるいは複数河川の平野部・台地の連合か否かを検討したいと思う。その場合、先の邪馬台国の直径（仮定）が一

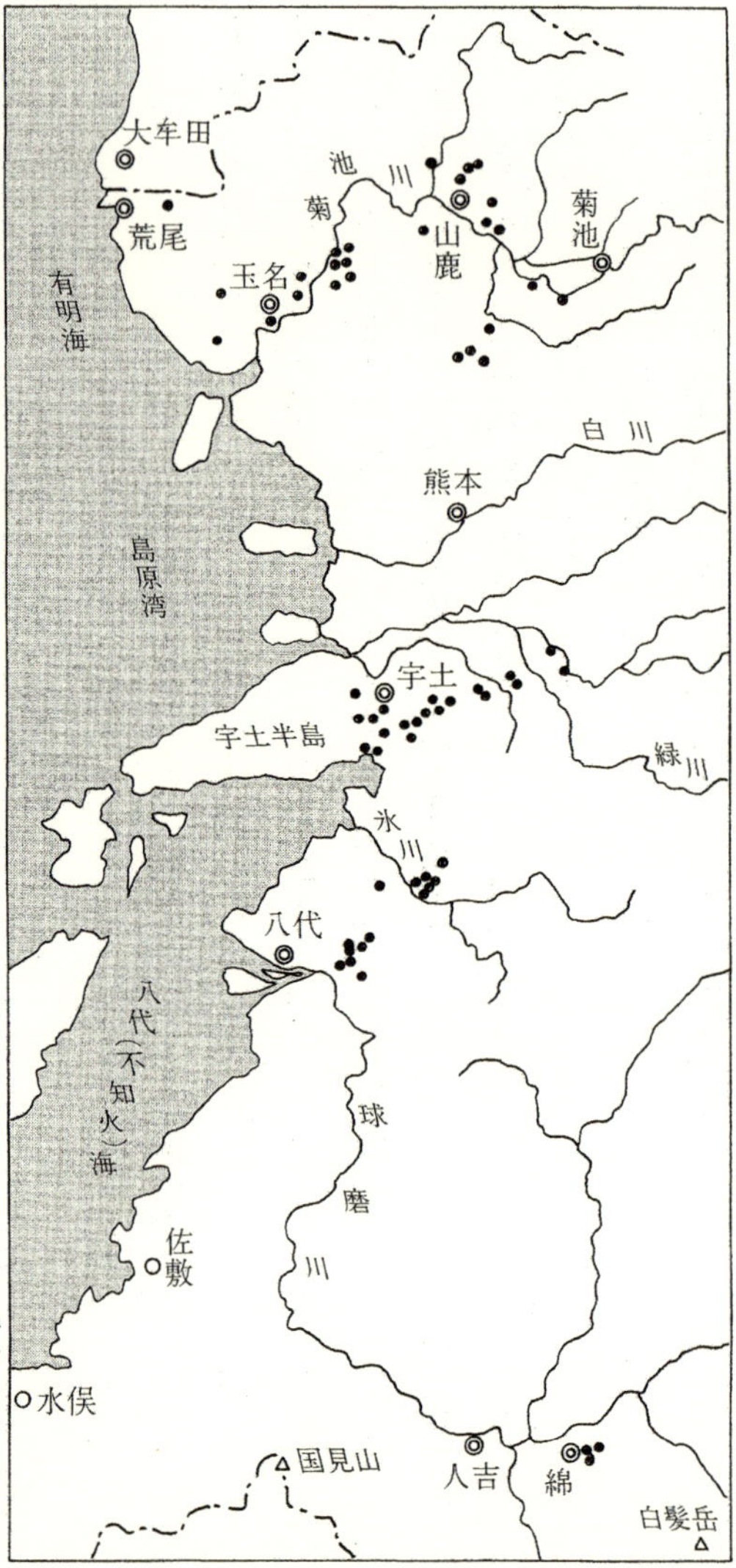

図14　有明海ほか大河川ごとの前方後円墳分布図（近藤義郎編『前方後円墳集成』九州編、一九九二年による）

五九〇余里なので、これが一応の目安となる。なお、宇土半島の南方、不知火《しらぬい》海＝八代《やつしろ》海と、ここに流入する球磨《くま》川上流域一帯などは当時、別の文化圏を形成していたようなので、後述する。

天草灘から早崎瀬戸に入る右側、天草下島には縄文~古墳時代の沖の原遺跡（五和町《いつわ》）、妻の鼻墳墓群（本渡市《ほんど》）が海岸線にならび、天草上島には本渡瀬戸に面する海岸（本渡市）に個別墳ないし古墳群が集中する。次の大矢野島（大矢野市）には、千崎・梅の木両古墳群以下、数多くの古墳があり、積石塚・横穴式・竪穴式《たてあな》・箱式の石室など、種類は統一されていない。以上が島原湾入口、南側の状況である。

邪馬台国推定地の遺跡と遺物

肥後中・北部地域

(1) 宇土半島と緑川流域

宇土半島　宇土半島は、島原湾に面する三角《みすみ》町の西港と三角港が水上交通の要衝《ようしょう》で、八代《やつしろ》海に面して三角瀬戸～モタレ瀬戸と蔵々《ぞぞ》瀬戸に挟まれた形で戸馳《とばせ》島があるが、ここには四つの古墳群と製鉄遺跡が集中する。三角町のうち、八代湾沿岸にも前越・御船・里の浦・大口などの古墳群などが少なくない。島原湾沿いでは、古墳時代の大田尾製塩遺跡・横穴墓群、波多の平松・磯山・島崎・陣の内各古墳群、中村の小田良・金桁両古墳群、郡浦の各古墳と柳迫《やなぎさこ》など一一ヵ所の製鉄遺跡がある。この地域が球磨《くま》川の河口、八代市域に近く、古くから狗奴国《くぬこく》に対峙する、海の政治・軍事上の重要拠点だったためであろうか。

宇土半島基部

この地には、半島を縁どるように大小一〇〇基以上の古墳が存在し、ここだけで前方後円墳一四基を数え、肥後《ひご》における最初（前期）の前方後円墳が出現、密集する興味ある地域である。この古代海峡沿いの緑川とその支流をふくむ一帯は、縄文・弥生・古墳時代の遺跡・遺物があり、宇土市の上・下網田には高丸・マブシ両古墳群のほか製鉄遺跡もある。野鶴の天神山古墳（長一一〇メートル）は、熊本県最大規模の前期の前方後円墳で、近くに神ノ木古墳群がある。栗崎の城ノ越古墳（長四三・五メートル）では三角縁神獣鏡《さんかくぶちしんじゅうきょう》を出土し、神合《こうあい》のスリバチ山古墳（長九六メートル）・迫ノ上《さこのうえ》古墳（長五六メートル）は、いずれも前期の前方後円墳で一群を形成し、壺形埴輪《はにわ》や鉄製品・土師器を出土している。後述する「旁国《ぼうこく》」のうち、「烏奴国《うぬこく》」という説と合致する部分もある。

潤川筋

緑《みどり》川の支流である潤《うるう》川近くの、西潤野・古方田両古墳群なども無視できないが、松山の向野田《むこうのだ》古墳（長八九メートル）・御手水《おちょうず》古墳（長六五メートル）は前期の前方後円墳で、神ノ山古墳群（円墳）などを従えた形で存在する。特に、向野田古墳は、阿蘇熔岩《あそようがん》製の舟形石棺《ふながたせっかん》、方格規矩鏡《ほうかくきくきょう》・内行花文鏡・鳥獣鏡のほか、車輪石・管玉《くだたま》・勾《まが》玉《たま》・女性人骨などを出土し、一時、女王卑弥呼の墓かと騒がれたこともある。仰臥伸展《ぎょうがしんてん》葬《そう》で、身長一五六センチ程度、頭部に多く朱《しゅ》を散布するが、年齢は三〇代後半から四〇代まで、古墳前期の後半との推定により下火となった（『新宇土市史』資料編二、他）。なお、近くの神馬の西南台遺跡は、標高三八メートル、古墳時代では九州最大規模の豪族居館跡で、その敷地（東西九三メートル・南北九三メートル）を囲繞《いじょう》する溝（幅約五メートル・深さ約三メートル）からは土師器《はじき》・壺・高坏《たかつき》が出たが、建物跡と出入口の遺構もみられる。

浜戸川筋

緑川の支流である浜戸《はまど》川沿いの城南町には多くの古墳・古墳群があり、壮観ともいえるが、その代表的なものに塚原台地の塚原上ノ原遺跡と塚原古墳群がある。前者は、縄文・弥生・古墳各時代の遺物を出土し、円墳（一二基、ほか）・住居址（四七四軒）などを数えるが、後者は方形周溝墓《ほうけいしゅうこうぼ》・前方後円墳・円墳など計二〇三基、もっとも往時は五〇〇基程度存在したとみられている。このうち、前方後円墳は、柄《え》鏡《かがみ》式の琵琶塚古墳（長六一メートル）など三基で少なく、大部分が円墳である。このほか、陣内沈目・隈庄・吉野山各古墳群がそれぞれひしめき、弥生遺跡からは内行花文鏡などが出土する。

御船川筋

同じく支流の御船《みふね》川沿いでは、御船町の秋只《あきただ》古墳から方格規矩鏡・神獣鏡を出土し、同石棺群は数十基を数え、刀剣・管玉・勾玉ほかを出土する。なお、緑川を水源まで溯るならば、清和村・矢部町（現山都町）に往きつく。この地域には弥生遺跡も多く、矢部町御所には御所塚（長六〇メートル）の前方後円墳と円墳各一基があるが、女王卑弥呼の居所や領域としては山地すぎるので、一応留意だけにする。

(2)　白川流域と熊本平野

次に、熊本市域を貫通する白川を溯ると、阿蘇外輪山の東・西側に達し、前者を色見川、後者を黒川といい、これは立野で合流、大津町瀬田で鳥子川を併せて、熊本市内に入る。

白川本流筋

白川《しらかわ》を下流から遺跡をさぐると、熊本市黒髪のつつじが丘・浦山・長薫寺・宇留毛・小碩橋際などに各横穴墓群、縄文・弥生遺跡があり、竜田・上南部・下南部・新南部・大江・小山・弓削にも縄文・弥生遺跡がある。その上流域の菊陽町の津久礼にも縄文・弥生時代の梅の木遺跡（住居址二七軒、支石墓ほか）と今石横穴古墳群、同町の辛川・曲手・戸次に縄文・弥生遺跡がある。大津町岩坂の宝満鶴遺跡も同じで、大津・室・陣内のそれは弥生遺跡、特に室の西弥護免《にしやごめん》遺跡は住居址（二一八軒）・土壙墓（一九八基、うち円形周溝墓二六基）、仿製《ぼうせい》の内行花文鏡・鉄斧・鉄鏃なども出土する環濠集落である。西原村の鳥子・小森の各遺跡も縄文・弥生の土器・鉄器を出土するが、先の宝満鶴遺跡と同じ免田式土器をふくむ点に留意すべきである。大津町には縄文～古墳時代の瀬田裏遺跡があり、特に縄文期の長方形配石遺構（七×二一メートル）は全国最大規模で、集石遺構（二三一基）、竪穴住居址（弥生・古墳期—六七六基）がある。外牧では、岩戸神社の岩戸陰遺跡が知られている。

木山川筋　木山川の支流、秋津川の最下流にあたる熊本市水源一丁目の江津湖遺跡では、平成一六年（二〇〇四）、弥生初期の土壙（約一〇〇基）が発掘され、その出土品から、稲作などの弥生文化が九州北部と同じ早い時期に、九州中部にもひろがっていたことが明らかになった。これは邪馬台国の成立・領域・性格を考えるうえに、きわめて重要な意味を持つ。また、同市護藤町の八ノ坪遺跡では、弥生中期の青銅器の鋳型五点が発見され、武器の鋳造工房の存在が推測されている。

色見川筋　白川をさらに上流の色見川まで遡ると、高森町に多くの弥生遺跡・方形周溝墓・上園古墳群（円墳・土壙器など）と前方後円墳があり、久木野村の久石に縄文・弥生遺跡（住居址七〇軒余）、柏木谷古墳群（高塚墓二一基。円形・方形周溝墓二〇基ほか）などがある。

黒川筋　ここには、一ノ宮町の三野・中坂梨に縄文・弥生遺跡のほか、古墳・横穴群があるが、手野および中通の古墳群などは壮観である。特に中通古墳群のうち、長目塚（長一一一・五メートル、前方後円墳）は女性の骨片のほか、内行花文鏡・曲玉・管玉が出土し、女王卑弥呼の墓かと見紛うほどである。これを支えるのが、同形の上鞍掛塚一号墳（長六五・五メートル）、円墳の菖蒲塚（径五八・七メートル）、鞍掛塚一・二号墳であって、後二者からは青銅仿製の変形文鏡・珠文鏡・乳文鏡・銀環・勾玉・管玉などを伴出するが、そうでない古墳も数多い。阿蘇町の内牧でも弥生遺跡や古墳から内行花文鏡などを、湯浦の弥生遺跡と古墳（含、円形周溝墓）、西湯浦・西小園の縄文・弥生遺跡、狩尾の同上と古墳・環濠集落など、挙例にいとまがないほどである。邪馬台国の人口、古墳の編年、地利的諸条件等々を除外しても、邪馬台国＝阿蘇説には好資料となっている。もっとも「旁国」巴利国か。

坪井川筋　坪井川は、島原湾に面する白川と新地を挟んだ北岸を河口とし、これに遠からぬ高橋で井芹川を吸収する。前者は熊本市小糸山付近を、後者は植木町木留付近を、それぞれ源流とする。そこで、まず坪井川筋を下流から溯ると、熊本市の小島北町に千金甲・楢崎山・権現平の各古墳群と高城山遺跡群とがある。この後者は石棺墓群で、円墳を半数以上ふくみ、方格規矩鏡・鉄鎌なども出土する。上高橋には皆代・小松山・城山・二本松の各古墳群のほか、上高橋高田遺跡が知られる。ここでは縄文～古墳時代の祭祀遺物、玉類・青銅製鳥文鏡・飛禽鏡、竪穴住居、井戸（四〇基以上）などが出土する。春日には万日山古墳群・北田横穴群、横手に花岡山石棺群があり、古城の古城横穴群（五三基）からは金銀環・馬具類が出土し、千葉城・稗田・坪井の各横穴群もある。次いで黒髪町遺跡（黒髪式土器）、清水谷台地には旧石器から縄文・弥生遺跡のほか、古墳群・横穴群もみられ、さらに打越・飛田には縄文・弥生遺跡、鶴羽田は弥生・古墳、四方寄は縄文・古墳、梶尾は縄文～古墳、大鳥居は縄文・古墳、改寄は縄文～古墳、明徳は縄文～古墳群といった具合に、多くの各遺跡群から重要な遺物を出土している。

井芹川筋

井芹川では、熊本市の島崎が縄文・弥生遺跡、花園が旧石器～弥生遺跡と古墳群、池田が弥生遺跡と古墳、釜尾が各種古墳、そしてまた硯川・下硯川・貢・和泉・太郎迫・荻迫とも縄文～古墳遺跡、木留の笹尾遺跡が縄文・弥生時代の集落跡・甕棺などで知られる。

河内川筋・尾田川筋　坪井川の北方にある河内川は、金峰山東麓を源とし、熊本市河内町船津から島原湾に流入する。この川筋には、縄文・弥生遺跡のほか若干の古墳・横穴群が散在する。その北方の尾田川は、玉東町境山麓を源とし、天水町尾田から後世の干拓地を蛇行、唐人川に合流して島原湾に入る。天水町の尾田には縄文〜古墳遺跡、野辺田に縄文・弥生遺跡、部田見に縄文貝塚と古墳（四基）があり、青銅製珠文画鏡などが出土する。右のいずれも短流の小河川筋であるが、大きくは菊池川水系の菊池平野とみるべきだろう。

(3)　菊池川流域の諸台地と平野部

菊池川は、熊本県北部の最大河川で、阿蘇外輪山の西北麓を源流とし、菊池渓谷をくだり、菊池市街から山鹿市までの菊鹿《きくか》盆地を西流、その間、多くの支流（上内田・合志・千田・岩原・岩野・吉田・和仁・久米野・久井原・内田・江田・繁根木・木葉の諸川＝支流）を併せる。このうち、合志《こうし》・千田・江田・木葉の諸川は、さらに小支流を分岐するが、全体として基幹・分枝・末葉のごとき観を呈し、盆地をふくめて一大平野を形成した。これを菊池川本流の河口部から遡ってみることにする。

菊池川下流部

河口南の玉名市横島町は、唐人川に挟まれて大部分が後世の干拓地であるが、同町の外平・大園には縄文・弥生の貝塚もあり、すべてが干拓地ではない。これに近い伊倉北方・南方などは、縄文・弥生遺跡（支石墓・甕棺）や古墳（五基）がある。さらに少し上流の大倉は、縄文遺跡のほか寺田古墳群以下の各古墳（五基）をみる。ここで木葉川が合流し、これをしばらく東方へ溯ると、縄文・弥生遺跡がつづく。ここで特徴的なのは玉東町原倉に、縄文時代の石器製作所や金糞谷《かなくそだに》遺跡などの製鉄遺跡群がひろがり、天水町におよぶことである。さらに、植木町の豊岡・轟《とどろき》・滴水《たりみず》には縄文～古墳の各遺跡、円台寺には縄文・弥生遺跡があり、かなりの先進地帯でもあったらしい。

繁根木（錦）川筋

大倉の菊池川対岸を少しくだった永徳寺から、菊池川は繁根木《はねぎ》（錦）川を分岐する。まず、繁根木には弥生遺跡に加えて、稲荷山・繁根木の両古墳がある。前者（長一一〇メートル、前方後円墳）は、円筒埴輪・石棺と方格規矩鏡を出土し、後者（周濠をもつ円墳）は、その舟形石棺から金環・金製耳飾・勾玉・管玉・環頭太刀・鉄鏃以下を豊富に出土して、両者一対の感を抱かせる。これに次ぐ岩崎・立願寺には弥生遺跡と古墳が多く（立願寺は後の玉名郡衙《ぐんが》所在地）、富尾は原・中尾・冷水の各横穴群と古墳（三基）、さらに石貫は太平寺・石貫古城・同ナギノ・同穴観音の各横穴群と後田古墳で知られ、三ツ川には京塚古墳などがある。この付近の丘陵では、畑開墾などで壊滅した古墳が少なくない。もっとも、背後にそびえる小岱《しょうだい》山の周囲麓一帯は、古代における肥後最大の製鉄遺跡が厖大な数にのぼり、その鍛冶製作は弥生時代にまで溯る可能性も指摘されている。なお、田邊哲夫「玉名タタラ製鉄の謎の部分」（『歴史玉名』三一号、一九九七年）によると、タタラ製鉄遺跡は、熊本県内で約一〇〇ヵ所、玉名市〜荒尾市にかけての小岱山周辺が約五〇ヵ所、玉東町山北〜熊本市内河内にかけて約二〇ヵ所、残りの大部分が宇土半島の大岳・郡浦付近だから、県下の約七割を旧玉名郡が占め、九州でも最大級のタタラ製鉄遺跡群といえる。

菊池川本流筋

大倉の先、東岸の向津留・津留・寺田などには古墳・古墳群があるが、平成六年（一九九四）、西岸の河崎・柳町遺跡からは四世紀初頭の木製の短甲・銅鏡片や多量の木製農具と住居跡が出土した。特に短甲の部材から「田」など四つの文字資料（日本最古）が発見されている。同一七年には、これに近い両迫間《りょうばさま》日渡遺跡から、九州新幹線「新玉名駅」（仮称）の工事の際、弥生後期の水田跡が発掘され、大畦畔や足跡も検出。県内初発見、最古のものといわれる。この河崎・両迫間などは菊池川の

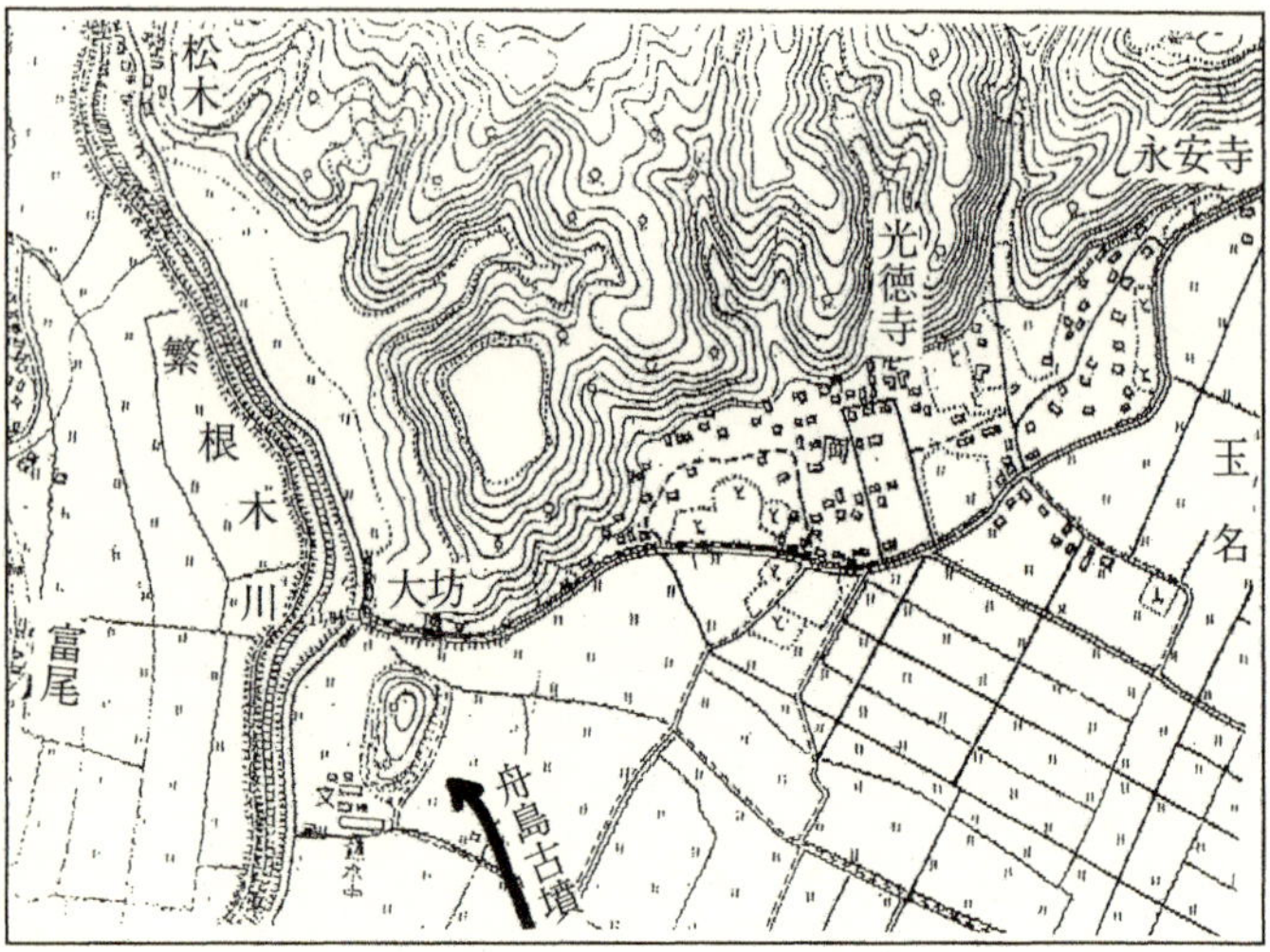

図15　舟島古墳周辺図

氾濫時は水没の危険性が多く、縄文前・中期の海進は弥生後期ごろまで海退未完了とみてきた私にとっては予想外で、このころまでに弥生の水田耕作が完成していたことになる。したがって、この水田地帯の後背台地際の永安寺東・西両古墳（円墳、ほかにも円墳二基）から岡箱式石棺群、大坊古墳（長四二・三メートル、前方後円墳）を結ぶ線を台地西端の繁根川ぞいまで延長した地点下に、かつて昭和三〇年代まで存在した「舟島」も、弥生末期以降の前方後円墳だった可能性がある。これは右の土地開発・建築ラッシュ時に、古墳などと毛頭考えず、予備調査もせずに、頂上に諏訪神社を載せた小高い丘を土砂用に取り除いたものである。往時、夜中に社殿から火の玉が空を舞いまわり、再び社殿に入るのがしばしば望見されたといい、土取りの工事は怪異現象のため一時中止、神酒を供え祈禱して難を避けたと、地元の三浦直歳氏は説明する。地籍図にもとづき計算すると、前方後円墳（?）様で長一四〇メートル・高さ三五～三六メートル程度（玉名市教育委員会社会教育課による）。

永安寺東・西古墳などの北側、溝上には城迫間・横畠など四横穴群、真福寺など五古墳（舟形石棺）が集中するが、永安寺の菊池川東側に位置する上小田には部田古墳、前方後円墳をふくむ徳丸古墳群がある。山部田の山下古墳（長六〇メートル）は柄鏡式前方後円墳で、舟形石棺と大型合口甕棺に男女人骨、それに鉄斧・鉄鏃などを副葬したもので、玉名市域の木葉山西麓では最古の前方後円墳とされるが、消滅した。

江田松坂古墳と船山古墳

玉名市上小田の北方は、菊水町の瀬川・江田である。瀬川には、若干の旧石器・縄文遺跡のほか、北原・中原・松坂など五横穴群を数え、瀬川字浦に前方後円墳の松坂古墳（長一三四メートル、後円墳八一メートル、前方部六四×六九メートル）がある。この字浦と字松坂の境には松坂横穴群があり、江田船山古墳は松坂古墳の北方、約三〇〇メートルの距離にある。松坂古墳は当初、前方後円墳とみられながら自然の山

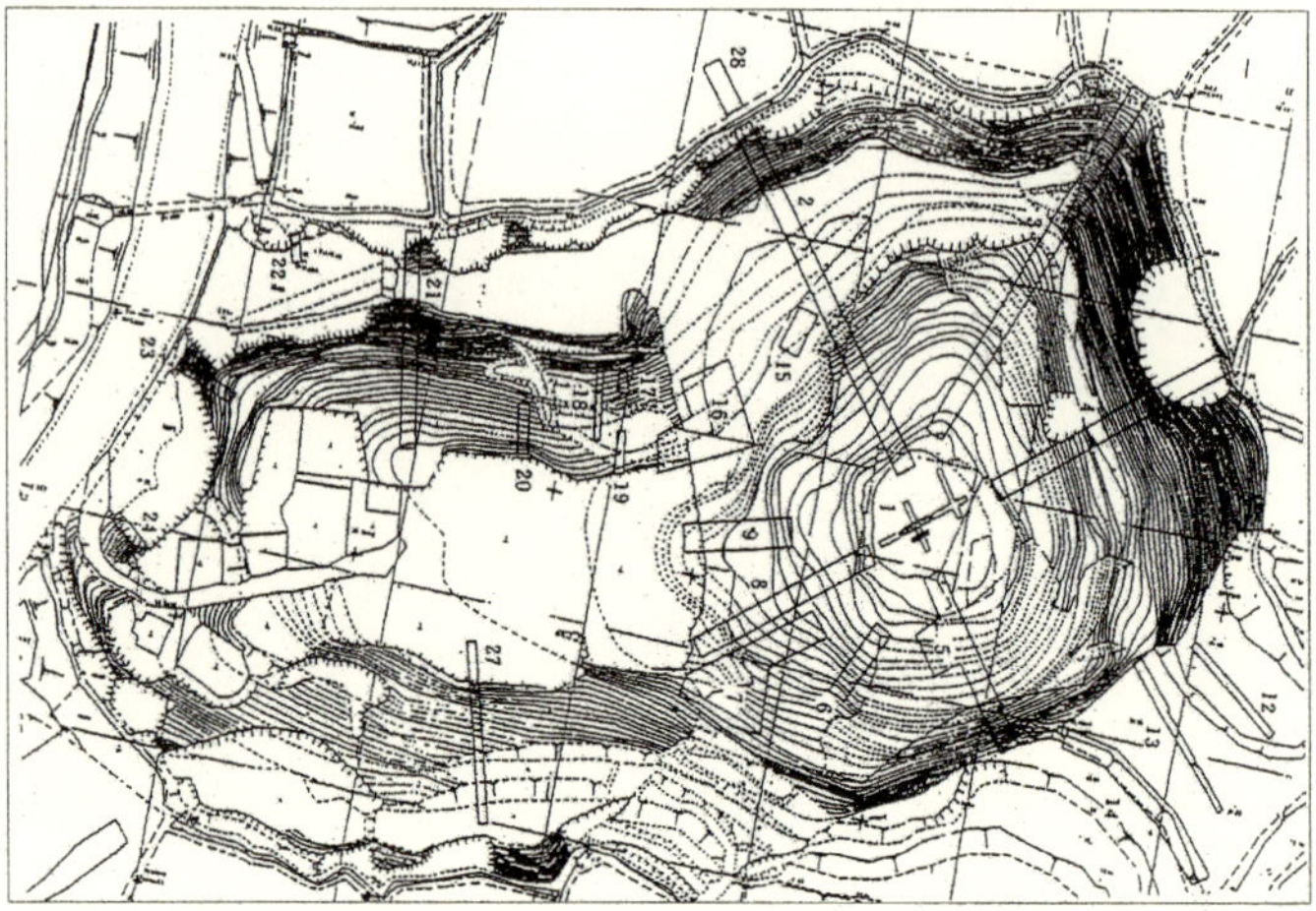

図16　松坂古墳実測図（『菊水町文化財調査報告・松坂古墳』1999年より）

か円墳かの説もあり、石棺の出土によって調査を開始したが、古墳時代以外の遺構・遺物、それに葺石《ふきいし》や円筒埴輪を出土していない。しかし結局、基壇の上に三段築成をした前方後円墳と結論されたが、外側は自然の地形を利用して、濠の外堤などは設けていない。墳長からすれば、邪馬台国の女王卑弥呼の「冢径《ちょうけい》百歩」（約一四〇メートル）に近く、熊本県下で最大規模のものである。

『菊水町文化財調査報告・松坂古墳』（一九九九年）は、同古墳には、船形・箱式石棺それぞれに男女二人・同三人ずつを納め、男は筋肉質で右上肢が大、関節面の拡張から石工（?）、女は金銅の冠らしき青銅色の付着と人工変形頭蓋から祭祀を司る巫女《ふじょ》

（みこ、シャーマン）と推測している。そして、古墳の築造年代は、舟形石棺の類例を玉水町の経塚古墳（四世紀末か）に求め、これより古いようだが同じころとし、盛土中と旧表土層から出土した土師器の類例を玉名市の山下古墳（四世紀後半）に求め、四世紀後半〜末ごろと編年する。そして、その位置する清原台地の古墳群中、松坂古墳が最古で、これまで最古とされた京塚古墳（円墳、五世紀）・江《え》田《た》船山《ふなやま》古墳（前方後円墳、五世紀末〜六世紀初め）・塚坊主古墳（同、装飾古墳）・松坂古墳北側の横穴群、という変遷を推定した。

これは非常な努力による古墳の復原推定ではあるが、その編年の綱渡り的方法や埋葬者を石工とみる結論などに多少危うさも感じられる。それは考古学の年次推定の方法論とも関連しようが、これには発掘担当者の主観が入る余地を少なくし、大きな錯誤に陥らぬよう、その決定には他分野からする方法的批判が必須であろう。

菊水町瀬川の北、江田では、諏訪原遺跡が住居址七二軒、台地上に推定数百軒、青銅鏡などを出土し、清原石人遺跡など縄文・弥生遺跡があるが、何といっても著名なのは前方後円墳の江田船山古墳（長六一メートル）・塚坊主古墳（長五四メートル）・虚空蔵塚古墳（長五三メートル）をはじめとする、数多くの石棺・横穴墓などの古墳群である。このうち、江田船山古墳は銀《ぎん》象嵌《ぞうがん》銘入りの大刀など直刀一四口、甲冑・金銅製冠帽・純金耳飾・曲玉・管玉・神獣鏡などを、塚坊主・虚空蔵塚の両墳は円筒・人物埴輪その他を出土する。この江田船山古墳は、かつて古谷清氏が女王卑弥呼に関連づけ、「女王の一族若《も》しくは其重臣の墳墓に非《あら》ざるなきか」と提言したこともあるが（同「江田村の古墳」『考古学雑誌』二―五）、その銘文から雄略天皇とのかかわりなどで、五世紀前半の終わりごろと比定され、墳長も小さいことから否定されている。ここでは編年の問題をしばらく措き、墳長のみでいえば、菊池川下流域には先述の繁根木・松坂両古墳、舟島古墳（仮称）などは「徑百歩」の条件をみたす。邪馬台国＝玉名郡中心説は、かつて否定されたが、これら新発見を基礎として、再燃の余地もある。

江田川・内田川・久井川筋

菊水町では、菊池川に江田川が合流しているが、原口・前原では弥生・古墳、高野は縄文～古墳、大屋では古墳の遺跡・遺物を出土し、その源流の鹿央《かおう》町梅木谷・大浦には横穴群がある。また、菊水町で内田川・久井川も合流する。内田・久井原とも横穴群が多く、南関町の下坂下・上坂下に青銅製飛龍鏡などを出土する石棺群や横穴群があり、上坂下の縄文～古墳群、肥猪《こえい》の弥生・古墳、そして豊永は縄文・弥生遺物が出土する。菊水町の下津原には、旧石器～古墳時代の遺跡が多い。三加和町の津田は弥生遺跡、板楠・上板楠は古墳群、平野は弥生遺跡、和仁《わに》は縄文

～古墳の遺跡（特に田中城横穴群）で知られる。山鹿《やまが》市湯山には石棺・横穴墓の古墳群、小群に縄文・弥生遺跡がある。

岩野川・吉田川筋

菊池川の本流に山鹿市鍋田で合流する岩野川、吉田川筋のうち、岩野川筋からみると、鎌田には縄文～古墳の遺跡が多く、鍋田横穴群は六一基にのぼる。石・杉にも弥生・古墳（円墳）が多く、城には縄文・弥生遺跡に加えて、チブサン古墳（前方後円墳）・オブサン古墳（円墳）・馬塚古墳（同）と付城横穴群（九八基、もと二〇〇基以上）、石棺群など、まさに壮観である。吉田川筋では、山鹿市の熊入に弁慶が穴古墳など円墳五基と甕棺《かめかん》群、久原には横穴墓群、蒲生には弥生後期の環濠集落と甕棺群、そして湯口横穴墓群（五〇〇基以上）がある。

岩原川筋

再び菊池川に戻ると、右の少し上流で、岩原川と千田《ちだ》川とが併行するかたちで本流に入る。岩原川筋では、鹿央町広に弥生遺跡と古墳、岩原には岩原古墳群、同横穴基群以下の古墳が集中する。前者は前方後円墳である双子塚古墳（長一〇七メートル）と円墳（三基）で構成され、ほかに古墳（横穴墓、三基）がある。後者は横穴墓群（一三一基）で、ほかに桜の上横穴群（一三三基）もある。さらに、山鹿市小原には古墳（円墳）群と横穴群、志々岐では縄文遺跡と長岩横穴墓群（一一二基）、古閑は旧石器～古墳ま

図17　岩原古墳群（手前が双子塚古墳）

で、居住跡群と内行花文鏡・鉄器などを出土する。

千田川筋

千田川は植木町清水を源とし、山鹿市方保田《かとうだ》で菊池川と合流する。ここは方保田東原遺跡・同白石遺跡、馬見塚古墳群その他の古墳群があり、きわめて著名で、邪馬台国の所在地論に影響をあたえる可能性を持っている。特に、方保田東遺跡は縄文・弥生遺跡で、竪穴住居跡（九〇軒）のほか土壙《どこう》墓・石棺墓（各九基）があり、内行花文鏡・銅鏃・鉄鏃ほか厖大な出土品をみる。同白石遺跡は箱式石棺で内行花文鏡を、馬見塚古墳群（円墳、七基）は内行花文鏡などを伴出する。これ以外にも、前方後円墳（三基）・円墳（三基）・甕棺墓（一〇〇基以上）、祭祀遺構や集落跡、径一七センチの方格規矩鏡（舶載品）などがあり、この地域の一大拠点集落である。同川を少し溯ると、植木町正清・宮原、鹿央町千田、植木町清水へとつづくが、正清は古墳（円墳）・横穴墓群、宮原は縄文〜古墳の各遺跡、千田は弥生遺跡と古墳で甕棺・石棺群、清水は縄文遺跡と古墳からなる。

合志川筋

菊池川最大の支流、合志《こうし》川は鹿本町藤井付近で合流するが、その上流で豊田・夏目・上生・塩浸《しおひたし》・矢護・二鹿来の各川を分岐する。まず、豊田川は、植木町富応などを源として、伊知坊へと流れる。伊知坊は弥生遺跡と古墳、今藤は古墳、亀甲は縄文遺跡と古墳群、豊田は宮穴など四横穴墓群（百数十基）、内・味取・山本・鞍掛は弥生遺跡と古墳、一木・富応は縄文～古墳の各遺跡がある。次に、夏目川は、植木町岩崎が縄文～古墳の各遺跡で、古墳は前方後円墳（二基）・円墳（三三基以上）と横穴群からなる。さらに、上生川は、西合志町中尾を源として宝へと流れるが、その途中の植木町石川には縄文遺跡三ヵ所と石川山古墳群（前方後円墳二基・円墳九基）、古閑には弥生住居跡と柄鏡式の前方後円墳（長七二メートル）・円墳などがある。有泉も縄文～古墳の各遺跡、特に前方後円墳の横山古墳は厨子《ずし》形石棺、金環・管玉・鉄鏃多数を出土し、小野・広住は弥生・古墳である。西合志町の野々島には縄文～古墳の各遺跡、弥生時代の甕棺（二〇基以上）と支石墓があるが、上生には弥生遺跡と古墳で、後者は箱式石棺のほか、円形周溝墓を持つ。

塩浸川は、合志町福原などから田島へ流れているが、西合志町合生には弥生遺跡（内行花文鏡など）のほか、黒松古墳群（四基）と個別の古墳（七基）がある。合志町の合志原・上床は弥生遺跡、栄は弥生集落跡に円墳（三基）、福原は縄文・弥生遺跡、田島・南田島は弥生遺跡に古墳（七基）・横穴群、豊水は弥生の竪穴住居跡のほか、方格規矩鏡・内行花文鏡などを持つ古墳（三基）、亀尾の三万田東原遺跡は縄文晩期の大集落跡、福本も弥生遺跡と内行花文鏡の円墳、吉冨の古閑原遺跡も弥生の住居跡で、祭祀土器・内行花文鏡を出土する。そして住吉は縄文・弥生遺跡と古墳（七基）からなる。

合志川を上流に進むと、泗水《しすい》町住吉で矢護川、旭志《きょくし》村伊萩で二鹿来《にかき》川と合流するが、矢護川は同村川辺で支流の峠川を併せる。矢護川沿いの旭志村尾足には、縄文～古墳群があり、矢護川には縄文時代の無田原・七野尾の両遺跡のように、ストーンサークル・甕棺・支石墓・横穴群が多い。川辺には縄文・弥生遺跡、杉水の縄文遺跡のワクド石遺跡は、旭志村にわたる大集落跡である。二鹿来川沿いでは、旭志村弁利に藤尾支石墓群、麓に縄文～古墳時代の各遺跡が一ヵ所に集中、また分散したものも統一された形態を示している。伊萩の松尾横穴群（約六〇基）は、前二者の合流地点にあたる。

迫間川筋

菊池川の川南付近で分流した迫間川は、すぐに内田川を分流する。内田川は来民から庄・御宇田の弥生遺跡群（甕棺・支石墓《しせきぼ》・住居跡など）を経て、鹿本《かもと》町津袋の津袋古墳群となる。勾玉・管玉を出土する大塚古墳（径四一メートル）・御霊塚古墳など計一〇基を数える。この上流には、七城《しちじょう》町のうてな台地西側を北へむかい順次、うてな古墳・瀬戸口横穴群・北上原古墳・豊水横穴墓群、さらにヒビュウ横穴墓群とつづく。一方、台地（うてな）およびその段丘南側にも、東へむかって迫間川に沿いながら数多くの遺跡群が連続する。なお、うてな古墳・北上原古墳とも円墳で、後者は船形石棺を出土。瀬戸口横穴群（四〇〇基以上）は厖大なもので、玄室は丹彩で亀甲多く、金環を出土するものもある。菊鹿《きくか》町に入ると、同町島田は円墳（金環・勾玉など）、木野は円墳（五基）と四横穴墓群、池田・松尾・下内田は円墳が多く、下永野は円墳（五基）と横穴墓群、長・上内田・相良は横穴墓群といった具合である。山内には、天岩戸岩蔭遺跡から女性の抜歯人骨、骨角器などを出土し、上内田・相良には横穴墓がある。

うてな台地の遺跡群

迫間川を遡るコースの左手には、先の内田川に挟まれた長方形の広大なうてな（台）台地（標高七〇〜九〇メートル）がひろがり、菊鹿町米原の長者原に連なる鞠智城に達する。まず、台地の西南突端部分は、城の上遺跡（中世には台城〈水島城〉を築く。菊池十八外城の一つ）で、弥生時代の竪穴住居跡（約七〇軒）からなる環濠集落（濠幅四メートル・深さ二メートル）が発掘され、次いでうてな遺跡では縄文〜古墳時代の貴重な遺物などが出土する。それは打製石器・石鏃・土器にはじまり、弥生後期の竪穴住居跡と多数環濠の一部、青銅器・鉄器類、そして方形周溝墓・木棺（各四基）・紡錘車・管玉・内行花文鏡・土師器、中国北宋時代の皇栄通宝などの古銭、須恵器、と枚挙にいとまがない（『熊本県文化財調査報告二一集・うてな遺跡』）。これらは台堀切線の改良工事

図18　うてな遺跡（左側台地の突端に中世の城，後方に鞠智城が連なる）

の発掘調査のわずかの部分で、これを台地全体におよぼせば吉野ヶ里遺跡の範囲とは桁違いのスケールとなるはずであるが、現在のところ、「官衙《かんが》関連施設」に比定される段階である。

先にふれた内田川側のうてな台地西側の古墳群につづき、迫間川の台地西側の遺跡をみると、まず台地突端につづく段丘、七城《しちじょう》町辺田には弥生遺跡の方形周溝墓（二一基）、流川に縄文～中世の遺物包蔵地、岡田に旧石器～古墳時代の各遺跡、支石墓や甕棺群・横穴墓群が集中する。水次も縄文・弥生遺跡、特に水次（葉山）遺跡は木棺土壙墓・甕棺墓（各三五基）や方形周溝墓（二基）を持つ古墳（四基）がある。山崎は縄文・弥生遺跡と古墳（四基）を持つが、袈裟尾には円墳（三基）があり、著名な袈裟尾高塚古墳は複式横穴式石室に金環・金銅環・勾玉・刀子などを包蔵する。玉祥寺は縄文・弥生遺跡で、森北・西迫間はすべて円墳か横穴墓群、前者の立石遺跡は巨石三つによる支石墓などからなる。このほか、菊池川左岸と迫間川とのあいだには、野間口の車町遺跡、神来の支石墓などが点在する微高地に若干の弥生遺跡が残るが、注目すべきは、うてな台地に連続する東北方、菊池市および菊鹿町域の米原長者原には古代の鞠智城《くくちのき》跡が現存する点である。

鞠智城

鞠智城は、菊池平野との比高差一〇〇メートル以上、幾重にも迫地《さこち》に囲まれた五五ヘクタールの城地で、米原台地には約六〇棟の建物があり、北方に八方ヶ岳（標高一〇五二メートル）を背景とし、東南下に菊池市街地や広大な菊鹿盆地を臨み、南方眼下にうてな台地、西方下に鹿本町の田園地帯を見おろすほか、遠くは長崎県の島原半島雲仙岳、また熊本市の金峰山山系を望見できる絶好の位置にある。一方、菊池川の河口からは三〇キロを溯り、その本流がうてな台地近くで内田川（木野川）・迫間川を分岐させて、鞠智城下近くを走らせ、政治・軍事上、あるいは水陸交通に最適の場所でもある。その上陸地点は、内田川なら、うてな台地下の水島か瀬戸口、迫間川なら袈裟尾、菊池川本流ならば橋

図19　鞠智城（破線内が推定範囲）

田の田中の船着場（ただし近世の分）付近であろうか。この城の設置起源や目的などは、しばらく措き、うてな台地との関連性についてふれる。

『熊本県文化財調査報告二〇七集・鞠智城跡』によると、菊池市と菊鹿町の米原長者原には、鞠智城とその深迫《ふかさこ》門・堀切門の各礎石と、池の尾門の礎石ならびに長者原・長者山・紀屋敷の三礎石群、それに灰塚（古墳）・黄金塚古墳がある。このうち、深迫門礎石の近くには、縄文時代～中世の遺物包蔵地である樋画之口《ひがのくち》（米原）と、山田横穴群（同）とがある。一方、堀切門礎石の近くには、古代の石造物「堀切の長者の的石」（木野）などがあるが、少し離れて大井樋・大井樋谷の二横穴墓群がならび、先述のうてな台地段丘部の袈裟尾の三古墳へとつづき、全体として地形上、うてな台地との連続性と一体感は否めない。それは歴史具体的に、どう理解すべきか。

鞠智城は、『続日本紀《しょくにほんぎ》』文武《もんむ》天皇二年（六九八）五月甲申条に、「令三大宰府繕二治大《おお》野《の》・基肄《きい》・鞠智《くくち》三城」とあるように、大宰府の北と南の大野、基肄両城とならんで修理したものである。このうち、大宰府近くの右の両城がこれより先、白村江《はくすきのえ》の敗戦後の天智《てんじ》天皇四年（六六五）、百済の亡命貴族（憶礼福留、泗比福夫）によって築かれた百済式山城で、唐・新羅《しらぎ》軍の侵攻に対する大宰府防禦を目的としたものであるのに対し、鞠智城はその築城の年代・目的・城郭とも不明という点に特徴があった。

鞠智城の年次比定の問題

この点については、有事の際に築城された古代山城ではなく、別目的の城ではないかと解釈され、薩摩地方の隼人《はやと》対策説も取沙汰されたが、大和政権への隼人の反乱が八世紀初頭までくだり、鞠智城が肥後の国府よりも三キロ近くも裏側に位置することで沈静化してしまった。そこで、同城の保存検討委員会は、「城名が他の城塞と同様、国書に記載されている以上、まず鞠智城を古代山城として位置づけ、ささやかれる諸説は幹の枝葉として推論すべきだ」との小田富士雄氏の提言を大原則とし、「有事の際に、安全な場所から大宰府の後方支援として、兵站《へいたん》基地の役目を担った」との見方で落ちついたという。大田幸博氏によれば、築城時期が国書に未記載なのは「築城が有事に直面する以前であったので」とみ、その築城時期も「城内の長者原地区から六世紀後半の竪穴《たてあな》住居址が検出されたので、この時期までは、この土地で小集落が営まれていた」として、七世紀半ば以前の築城は考えられず、出土遺物でもっとも多いのは『続日本紀』記載の「繕治」時期の七世紀後半だとする。しかも出土木簡《もっかん》「秦人忍五斗」の記事から、渡来人の秦人が鞍智城の周辺に居住していた可能性が大で、城塞でありながら政庁的な施設との推測もされている（大田幸博「鞍智城について」『海路』四）。しかし九世紀の鞠智城は、鳥の群れが葺草を咬み抜いたり、兵庫鼓がみずから鳴るなど（後者は『日本三代実録』元慶《がんぎょう》三年〈八七九〉三月十六日条）の記事をもって、史書からまったく姿を消してしまう。

いずれにせよ、鞠智城の築城が七世紀半ば以前には遡らぬとする考え方は、その城域に弥生遺跡がないとし（縄文・弥生土器はあるが、流入遺物とみる）、長者原の竪穴住居址（小集落）を六世紀後半としたうえで、築城はそれ以降と推測したこと、先の「繕治」の時期（七世紀後半）の出土資料が多いこと、によるものである。しかし、(イ)視点を変えれば、右の竪穴住居址が築城当初から城域内に存在しても差支えなく、(ロ)先にみた城門礎石の近くに縄文以降、中世までの遺物包蔵地や横穴墓群が存在し、(ハ)うてな台地の厖大な縄文～古墳時代の遺跡・遺物群が出土ないし包蔵され、同城に密接に関連すると推測されるのに、まったく顧慮されていない点などは、鞠智城に対する認識を限定的にしよう。なお、二〇〇八年一一月、鞍智城の貯水池跡から百済製とみられる青銅菩薩立像が出土したことから、同城の築造が百済の亡命貴族の技術指導により大野・基肄両城と同時期とする説を裏付けるものとの新聞発表が出た（『朝日新聞』ほか）。しかし、この仏像が右の時期に亡命貴族により持ち込まれたのか、それをはるかに遡る時期に築城されて以降のものなのかは確定できない。

鞠智城の歴史的位置づけ

それは、鞠智城が大野・基肄《きい》両城のような大宰府防衛に役立つ地理的位置になく、内陸にかなり奥まって存在するのは、肥後北半を肥後南半の勢力から守るためだったのではないか、後の球磨《くま》郡ひいては薩摩・大隅など、熊襲《くまそ》から隼人諸族を対象とするにしても、さらに時代を三世紀まで溯らせて、『魏志』倭人伝の邪馬台国と抗争していた狗奴国を対象とした、対南方の前進基地の一つではないか、との考え方もあるからである。たとえば、黛弘道氏は、筑後・佐賀両平野をかこむ五つの神籠石《こうごいし》を検討し、特に女山では産女谷神籠石の列石のあいだに幅広の銅矛二本が発見され、この地に神籠石の山城ができる以前、すなわち銅矛の形状より推して二～三世紀ごろ、すでに山城的防禦《ぼうぎょ》施設が存在したと推定し、『続日本紀』文武天皇二年条にみる鞠智城も、これと同じ施設ではないかとするなど、それである。私は多少異なる視点から鞠智城の始源をさぐりたいが、狗奴国対象の対南方の前進基地か否かは、なお検証を要しよう。

多くの論者のなかには、『魏志』の狗奴国の官名狗古智卑狗をもって、菊池彦という人名だとし、これを菊池郡の地名に関連させて、菊池郡を狗奴国の領域内、したがって邪馬台国は菊池川北岸のラインから筑後にわたる範囲に限定する見解がある。しかしながら、肥後中・南部地域の弥生遺物の分布状況を概観するとき、確かに九州南部、球磨地域などの免田《めんだ》式土器の出土が比較的多いのは、肥後中部の白川流域、そして緑川流域がこれに次ぐが、それでも黒髪式・須玖《すく》式土器がはるかに多い。白川・緑川流域は邪馬台国・狗奴《くぬ》国の両勢力が特定年次、その版図を交錯させたためとも思われるが、菊池川流域については、ほとんど邪馬台国のみの領域だった可能性が大きい。

菊池川本流を、迫間川との分岐点から溯ると、菊池市花房、出田と古墳・横穴群がつづき、木柑子には木柑子高塚古墳（長四三メートル、前方後円墳）・同横穴群・同石人（高一・六メートル、短甲着用）があり、長田には弥生遺跡や大王古墳・地下式横穴墓など、南九州地方の影響もうかがわれる。赤星の天城遺跡は縄文時代の集石遺構と集落跡、古墳時代の住居跡（二〇軒）などがあり、隈府《わいふ》では縄文～古墳の各遺跡、上星が縄文遺跡と古墳、深川・亘が弥生遺跡と古墳、四町分が縄文・弥生の三遺跡、その上流には旧石器～古墳各時代の遺跡が点在する。

(4)　肥後北部の海岸平野

境川筋・行末川筋　菊池川河口より少し北西のところに境川河口があるが、その岱明町《たいめい》高道には縄文・弥生遺跡と円墳、山田では内行花文鏡を出土する四弥生遺跡と横穴複式巨石墓（旧五基）から金環・勾玉・管玉・貨泉を伴出する。その北西の長洲町《ながす》には、行末川河口がある。同町の縄文貝塚などには特色があるが、岱明町の大野下は縄文・弥生遺跡、上は旧石器遺跡と古墳、大馬場は前方後円墳、玉名市野口は旧石器～古墳の諸遺跡のうち、特に弥生住居跡・支石墓などが多い。下前原は弥生期の竪穴住居跡（四三軒）など、築地は弥生支石墓や古墳群、岱明町の院塚古墳（長七八メートル）は船形石棺・玉類・壺形埴輪や六神四獣鏡（船載鏡）を持つ前方後円墳、荒尾市金山では弥生の甕棺・石棺を多く出土し、円墳（三基）もある。

菜切川筋

菜切川は小岱山《しょうだいさん》麓よりくだり、長洲町の河口に達するが、荒尾市の永塩では四弥生遺跡、清里・菰屋に各古墳、野原には野原（円墳、旧一一基）、野原八幡台（円墳、旧一〇数基）・赤田狐谷（円墳、四基）の各古墳群が集中、ここでは金環・銀環・勾玉・碧玉などをかなり包蔵する。平山は旧石器、特に縄文遺跡が多い。

浦川筋

浦川は、荒尾市荒尾（大谷）の北方を源とし、海岸沿いに長洲港へ流入する。長洲港沖には、縄文土器・石器を包蔵するヒイデン海遺跡があり、河口近くの堀崎には縄文貝塚と円墳がある。さらに、荒尾市域に入ると、縄文・弥生遺跡に尾形山古墳群（円墳一〇基）など、それに集落跡にもみるべきものがある。

関川筋

関川は、熊本県境の南関《なんかん》町東の山間部を源とし、関町を経て荒尾市下井手から古代の河口一帯にいたる。一部は、福岡県大牟田市より諏訪川に分れて、有明海に入る。河口部の大島には、四ツ山貝塚と同古墳（旧八基）がある。後者は装飾の円墳で、金環・帯革金具・勾玉・轡《くつわ》・剣などを出土する。万田は縄文～古墳の遺跡、下井手の三の宮古墳（長四七メートル）は装飾の前方後円墳で、武装石人・円筒埴輪などを持つ。

本井手は別当塚古墳群（前方後円墳二基・円墳五基）、狐塚古墳群（円墳三基）から青銅鏡や埴輪を出土するが、ほかの古墳（四基）に石人などもみられる。南関町今村の横穴墓群（一三基）は赤彩色の装飾古墳、久重には縄文・弥生遺跡、上長田には縄文遺跡（一〇ヵ所）のほか、弥生遺跡や横穴墓群をみる。南関町の弥生遺跡は、菊鹿盆地のそれに連続する側面がある。

筑後地域

(1)　筑後最南部の諸川流域

大牟田市域

大牟田市域では、諏訪・大牟田・白銀・隈の諸川が流れ、その先は大和町の矢部・塩塚の両川とつづく。諏訪川筋には黄金町の潜塚古墳をはじめ、萩尾町に古墳群（四基）などがあり、大牟田川筋では勝立町に縄文・弥生遺跡と、金環・武器類を出土する原久保一～三号墳や椎ノ木古墳などがある。白銀川は、河口近くで南側に堂面川を分流するが、両川のあいだに多くの遺跡地がある。まず、田隈には弥生各遺跡があり、三池は宮ノ元一～四号墳、久福木は庵ノ浦一～七号墳と猫塚古墳、宮部には縄文・弥生遺跡と大久保一〜二号墳・平塚一〜三号墳が集中する。

白銀川の北側では、唐船に円墳、甘木に弥生遺跡や甘木山一〜九号墳・杉山一〜三号墳ほか二古墳（いずれも横穴墓）、さらに橘と吉野にかけての十三塚一〜一三号墳、白銀に弥生遺跡と住居跡・古墳など、上内の縄文遺跡と釈迦堂一〜三一号墳・茂登山一〜七号墳などに特徴がある。一方、隈川筋では、岬に黒崎山一〜二号墳、蜜柑山・高塚・石櫃山の三古墳、それに岬から倉永にかけての岬ヶ原一〜七五号墳（円墳）が集中する。岬のうち高田町に近い黒崎観音塚古墳（前方後円墳、長九七メートル）は、四世紀末のものと推定されている。このほか倉永には、縄文〜古墳時代の各遺跡、茶臼塚一〜三号墳・倉永古墳などが集中し、宮崎にはおいどん山一〜四号墳ほか二古墳がある。

(2)　矢部川流域

矢部川は、その川筋の東南部がみやま市（旧山門郡高田町・瀬高町）などで、北西部が柳川市（旧山門郡大和町、三橋町）であるが、沖端《おきのはた》川も河口より北上、旧柳川城下町から東行して矢部川に接近しながらも、合流せぬまま途絶える。

矢部川の支流筋

矢部川を溯ると、高田町域で支流楠田川を東行、まず濃施には弥生遺跡と濃施古墳など（三基）がある。下楠田には縄文・弥生遺跡と愛宕山一～二二号墳・宮浦一～四号墳があるが、上楠田にも縄文・弥生遺跡と古墳前期の前方後円墳である石神古墳（二基）があり、このうち一基から石棺（三基）と武装石人が出土した。さらに東行、田浦には朝日谷一～五号墳が山腹から平地にかけて存在する。矢部川の少し上流部で飯江川も分流、東行すると、今福に弥生遺跡と古墳（四基）、岩津に古墳、原には唐川原一～一〇号墳がある。田尻には弥生遺跡と古墳、田尻一～三号墳、そして竹飯にも複数の弥生遺跡、前方後円墳と円墳の飯尾一～二号墳がある。

矢部川中流域

矢部川の中流域には、高田町の北に瀬高町が位置する。ここは、邪馬台国＝九州説の主舞台となった遺跡地で、その数量は圧倒的である。まず、同町の下庄には、低台地上に数多くの弥生遺跡と古墳（三基）、そして上庄に古墳時代の祭祀遺跡、坂田にも縄文・弥生遺跡と古墳がある。下庄の東の小川には、低台地に弥生遺跡、台地に古墳があり、山門には縄文～古墳の各遺跡と堤一～一二号墳（円墳）とが低台地・台地上にある。地形上、矢部川を溯航して、瀬高下庄で上陸し、小川・山門経由で大草（女山）・本吉にいたるコースもありえよう。坂田の北、長田には低台地に無土器～古墳の各遺跡と、長田山一〜六号墳（横穴墓）があるが、その東の小田には善光寺一〜八号墳（円墳）・同一〜二号墳（横穴墓）・小田山一〜二号墳（横穴墓）・平田一〜一五号墳（円墳）・幽霊谷一〜一一号墳が集中する。

その東隣りの広瀬には、弥生・古墳の遺跡地と山中一〜一四号墳（横穴墓）がある。小田の南が遺跡・遺物の宝庫である大草、これに本吉がつづく。大草では、大塚・草場・女山《ぞやま》の弥生遺跡、また女山の縄文〜古墳時代の大道端遺跡などが低台地上に位置し、さらに女山産女谷遺跡は山麓斜面から弥生の銅鉾《どうほこ》二つを出土した。ほかに女山には、相撲場一〜一四号墳（円墳）・山内一〜五六号墳（横穴墓）・日吉坊一〜五号墳（円墳）、それに女山神籠石《こうごいし》、古島横尾谷・同長谷・同源吾谷・同産女谷の各水門などがある。

女山遺跡とその周辺地域

もっとも、神籠石が、古代山城として著名な大野・基肄《きい》両城に先行する山城技法ではあるが、年代をどこまで遡らせるかは、検討の余地がある。この神籠石については、『日本《にほん》書紀《しょき》』斉明《さいめい》天皇四年（六五八）是歳条の分注にみる「繕$_{二}$修城柵$_{一}$」の記事により、同天皇の筑紫朝倉宮《あさくらのみや》遷都計画と同時期とみる見解が定説化の観を呈していたが、最近、八木充氏は、これを否定して、日本の古代山城より後れた天智・天武朝期の築造とする説を出し

図20　女山神籠石長門水門跡

た。朝倉宮を中心とした九州北部の平野地帯を、相当間隔をもって点在する神籠石の山城群が囲繞、防衛するとの見方は、確かに魅力的な発想ではある。しかし、同宮の臨時的位置づけからすれば、この巨大な山城群の築造と配置状況は、現実の軍事的機能性の面では外敵からの障壁として疑問も生じ、その築造の時代措定を改むべきだとの見解もうまれている。今後は、女山の弥生遺跡などを否定して古代山城以降とする説の当否が論議されよう。

なお、大草の草場には、旧石器時代の遺跡があり、小中尾古墳群が山尾根に存在し、名木野一〜一三号墳（横穴墓）、山内には無土器〜古墳時代の長谷遺跡と長谷一〜四三号墳がある。本吉には、旧石器遺跡のほか、清水谷一～六号墳（円墳？）・清水谷一～三号墳（横穴墓）・高塚一～一〇号墳・清水山一～一八号墳があるが、高塚は弥生・古墳時代―六基、歴史時代―四基、清水山墳は一～二号が古墳時代、残りが歴史時代のものというので、在地土豪の居住埋葬の継続性も考えられる。

瀬高町山門の南に接する山川《やまかわ》町には、縄文・弥生遺跡、特に弥生遺跡が平地・丘腹部に多くみられる。赤坂古墳（五基、前方後円墳・円墳・方墳）からは青銅四獣鏡や銅剣が出土、中尾・九折・河原内・二本松・赤山・日当川・原町・立山の各古墳（計二〇基）は、ほとんど全部が円墳であり、ほかの二子塚・大塚の両古墳が前方後円墳である。ここには製鉄跡・カマ跡が散在する。

矢部川上流域

矢部川を東南方向に溯ると、右手に八女郡立花町・黒木《くろき》町、左手が八女市と八女郡広川町の境域となる。まず、立花町では北山・山崎・谷川・兼松など、矢部川沿いに多くの遺跡がある。北山には、縄文～古墳時代の遺跡（青銅鏡ほか）以外に、茶臼塚一～六号墳（前方後円墳）、上ノ原一～四号墳・高山一～二号墳・草場一～三号墳・曲松一～二号墳・浦田古墳ほか七古墳が円墳で、ほかに稲荷山一～二七号・山下一～二一号・小倉谷一～五号の各横穴墓もある。山崎には岩蔭・弥生・古墳遺跡のほか、草場一〜二号墳（円墳）・上の山一〜八号墳（同）・鬼熊一〜一五号・中通一〜一四号・上の山一〜一四号・野広尾一〜四号の各横穴墓がある。谷川では、弥生遺跡のほか、浦田古墳（円墳）と浦田一〜一一号・後田一〜三号の各横穴墓をみ、兼松では、高山一〜二号墳（円墳）のみ。しかし、狭い地域での円墳・横穴墓群の集中度は大きい。

立花町の東は黒木町で、田本・土柳・本田・谷・平野・下中原・中原山など各台地上に縄文遺跡があるが、弥生・古墳の遺跡は各一ヵ所ずつしかない。その北方の上陽《じようよう》町でも、北川内に縄文遺跡のみをみる。

八女古墳群と岩戸山古墳の周辺

立花町と矢部川の北方にあたる八女市と、その北の広川町は、弥生・古墳遺跡の宝庫である。矢部川を溯り八女市を東に進むと、まず南端の川犬に川犬一〜三号墳（円墳）があり、平に弥生遺跡と古墳、緒玉に弥生遺跡、高塚に古墳（円墳）、馬場に弥生遺跡と古墳、納楚・津江に弥生遺跡、柳島を中心に柳島一〜一〇号墳（円墳）・北田形一〜七号墳（同）、山内の帰路女喜一〜六号墳（同）・長野一〜一五号墳（同）などが集中する。再び八女市の西にもどると、鵜池に弥生・古墳遺跡、亀甲に弥生遺跡（内行花文鏡・素環頭鉄刀・貝輪、居住跡）など、室岡に弥生遺跡と古墳などがある。

図21　岩戸山古墳

八女市吉田には、吉田石棺群など弥生・古墳遺跡が多いが、特に前方後円墳の乗場古墳（長七〇《メートル》、埴輪）・岩戸山古墳がある。特に岩戸山古墳は、筑紫国造《つくしのくにのみやつこ》磐井《いわい》の墓とされ、周濠・周堤をめぐらし、衙頭《がとう》、石人・石馬・埴輪などで著名であるが、その原型がいつの、誰の旧古墳の再生なのか、検討されるべきだとの見解も生じている。岩戸山二～四号墳は円墳で、四号は巨石墳である。その東の宅間田には弥生遺跡と茶臼塚・丸山塚・宅間田山・宅間口一～二号の各古墳（すべて円墳）がある。次の豊福には、弥生・古墳遺跡や豊福石人古墳（？）のほかに、釘崎一～一二号墳や鶴見山南・大神宮の各古墳（円墳）と、前方後円墳の鶴見山古墳・豊福一～五号墳（横穴墓）がある。本には、縄文・弥生遺跡のほか、前方後円墳の丸山古墳（長四六メートル、円筒埴輪など）を例外として、本四ツ尾・塚の谷両古墳をはじめ立山山一～二〇号墳・本一～六号墳・牛焼谷一～五号墳・鹿子島山一～一七号墳などがあるが、すべて円墳。それに、塚の谷一～四号・菅の谷一～二号・三助山・中尾谷一～三号・立山山一～二号の各窯跡などは、非常な密集度を示している。忠見には平原一～二七号墳（円墳）、大籠にも日迫山一～一九号墳（同）がある。

広川町の諸古墳

広川町の遺跡を、筑後川の分流、広川を溯りながらみよう。筑後市境にある一条の石人山古墳については先にふれたが、その二～三号墳（円墳）もある。その対岸には藤田古墳群があるが、才観塚・之那木・天神浦・茶臼塚・高塚の各古墳（円墳）は充分な調査報告はないものの、特に高塚山（標高二〇〇メートル）のそれを、『魏志』倭人伝のいう径一〇〇余歩、奴婢《ぬひ》一〇〇余人が殉葬された女王卑弥呼の塚ではないか、とする地元郷土史家や北原白秋の説がある。白秋は、多くの人びとと現地調査をして、自分の研究成果を詳述し、特に高塚山のそれは古墳時代以前の高塚形式であり、地理的にも納得いく説だとして、今後の発掘調査を希望していたが（古賀政吉「北原白秋と邪馬台国」『久留米郷土研究会誌』九）、その後、八女・山門郡説が充分な展開をみたわけではない。

一条・藤田に近接する広川には、縄文・古墳時代の平原遺跡（住居跡）、弥生時代の高塚遺跡があるが、これに関連するものに、弘化谷・池田山・熊の各古墳（円墳）と、平原一〜七号墳・大塚原一〜二号墳・大塚一〜三号墳・東山一〜六号墳・山の前一〜五号墳・猪ヶ迫一〜三号墳・広川一〜二号墳（いずれも円墳）、その他がある。新代は鍋塚一〜三号墳・能添一〜四号墳・池田山二〜八号墳・後口一〜四号墳・鈴ヶ山一〜四号墳（すべて円墳）、大田では旧石器時代かとみられる広川赤坂遺跡のほか、大田一〜六号墳（円墳、うち一基が前方後円墳）があり、六田には善蔵寺古墳（長一一〇メートル、前方後円墳、円筒・人物埴輪）、長延が長延一〜六号墳（円墳）ほか一基、吉常は吉常一〜六号墳（円墳）、水原は馬場一〜四号墳・内田一〜八号墳・常願山一〜七号墳・大久保古墳（円墳）などがある。最後に、久留米市に近い日吉では、清楽一〜三号墳・高間一〜三号墳（円墳）をみる。

このような弥生・古墳群の厖大な数量が、邪馬台国＝八女・山門郡説の基礎をなしていたのである。

矢部川下流域の支流

矢部川の河口左岸は近世以降の干拓地がひろがるが、先の支流、飯江川との合流付近、大和《やまと》町鷹ノ尾（馬場の内・中島・枇杷園・島）からは弥生土器・竪穴住居跡・貝塚などが出土し、塩塚・六合などでは水田のなかから弥生土器・土師器が出土しているので、この辺が海岸線との境界以内だったとみられる。矢部川の河口の北方にある塩塚、沖端両川を河口からそれぞれ北上させ、旧柳川城をかこむ形をとって東行する矢部川に接近する。これら各河川の接近地域では、三橋《みつはし》町の中山・新村・吉開《よしかい》・起田《おきた》・百町《ひやくちよう》などの弥生遺跡があり、また白鳥・正行・垂身・柳河などには弥生遺跡や古墳をみる。縄文前・中期の海進状況からは完全に脱して、従来の認識以上に水田化した平地が拡大していたことがわかる。

沖端川と三橋町柳河の北側、西蒲池や矢加部・立石・蒲生などには、平地上に弥生遺跡が数多くみられる。西蒲池には、騎馬人物と馬の土偶・石包丁が出た野田遺跡以下、計《けい》二一字地《あざち》に単・複数の弥生遺跡があり、このなかには正覚屋敷遺跡のように環濠《かんごう》・井戸跡などを持つ集落もある。東蒲池では五反田遺跡以下、五字地に弥生遺跡がみられ、ほかに矢加部の玉垂命《たまだれのみこと》神社遺跡では蛤刃製斧や弥生土器・住居跡があるが、立石でも完全な形の弥生土器が出土、ここはすべて平地である。これらを当時海底とみるべきではない。

三橋町の北側には三潴《みずま》郡大木町、その右隣り（東側）に筑後市、その北は三潴町である。まず、三潴町玉満は弥生遺跡と古墳（二基）、高三潴には弥生・古墳遺跡（古墳は円墳四基）、田川には弥生遺跡と古墳、西弁田では三弥生遺跡がある。同郡城島《じようじま》町の上青木には弥生遺跡と古墳、下青木・江上本に弥生遺跡があるが、すべて貝塚を伴う。大木町では福土の弥生住居跡一ヵ所のみである。特筆すべきものはないが、弥生時代すでに一定程度の生活の場は形成されていたといえよう。

石人山古墳の周辺

筑後市の一条は、広川町一条と境を接して、横穴式に加飾した横口式石棺を納める前方後円墳の石人山《せきじんやま》古墳（長一二四㍍）が著名である。蔵敷は弥生遺跡と古墳、西牟田は弥生甕棺墓と集落跡、前津は弥生遺跡と古墳（住居跡・墳丘）、高江は箱式石棺、若葉は弥生遺跡（ヒスイ勾玉など）、長崎が縄文・弥生遺跡、坊田・空山・石塚が縄文遺跡、下北島が弥生遺跡、上北島が縄文・弥生遺跡（集落二二軒ほか）、水田が縄文・弥生遺跡（集落・周溝など）、常用・古島が弥生遺跡、鶴田では旧石器～古墳時代の竪穴住居から勾玉・土製人形・祭祀遺跡や集落跡を検出した。志は縄文遺跡群、津島は弥生遺跡、久恵が縄文・弥生遺跡と掘立柱建物などがあり、概して台地ないしは低台地に遺跡が集中する。なお、市の境域にあたる長浜は縄文遺跡、井田などは古墳時代の集落跡を遺している。

(3) 筑後川流域南部

筑後川は、柳川市昭南町の南端、有明海沿岸で沖ノ端川と合流する。筑後川の東側は大川市、久留米市、さらに溯るとうきは市、大分県日田市を通過する。一方、西側は佐賀市域などで、大川市城島町からの分流、田手川を北上すると、吉野ヶ里遺跡に達する。筑後川の少し上流、久留米市の西側は、近世の篠山城址の対岸地で分岐する宝満川が貫流する小郡市、そのまた分流の小石原川・大刀《たち》洗《あらい》川に挟まれて三井郡大刀洗町、その東は旧甘木市の平塚川添遺跡をふくむ朝倉市があり、これらの都市のうちには邪馬台国の中心地に擬されているものがある。

筑後川下流域　久留米市の西南部にあたる筑後川下流域では、弥生・古墳などの遺跡などが多いが、大善寺《だいぜんじ》町からは激増する。西小路A・一本松A～B・彼岸田・野口A～B、南野口・道蔵・中尾・畑中・橋口・隈裏・藤吉天満宮境内・中寺の各遺跡で、大部分が弥生以降で、なかに縄文時代の分もふくむ。古墳は天皇屋敷・村南・鳥塚一～二号・権現塚・剣塚・上山・朝妻社・奥の院、糖尾南・同西・同東、向松の各古墳が円墳、このうち権現塚古墳は二重周湟《しゅうこう》、剣塚古墳からは勾玉・剣を出土する。御塚・銚子塚の両古墳は前方後円墳で、前者に三重、後者には二重の周湟がある。

広川筋

前述の大善寺町が筑後川の分流、広川の分岐点で、その流域では荒木町に、内定覚・寺屋敷・福田・西ノ原・西脇・松茸山・本山C～D・鬼木・寺脇・宮脇・二子塚A・鷲塚・出水ノ上A～B・狐坂・八反田・天神浦・狐坂貝塚・才観塚の各遺跡があり、一部は縄文時代、大部分が弥生・古墳時代のものである。このうち、内定覚遺跡は甕棺（一六基）のほか、祭祀遺跡もある。古墳は、池の内・内定覚・陣山・各剣塚・北山一～七号・極楽寺一～四号・大中一～二号・鬼木一号・立毛・寺脇一号・横小路西・天人神・出水の上一～二号、宮脇一～二号、西ノ原・豆塚・宮ノ前・山ノ神・真平塚の各古塚が円墳。このうち、内定覚古墳は金環・馬具を出土しているが、周辺にも古墳（五基）があり、陣山古墳も金環・玉を出土する。二子塚・鷲塚の両古墳が前方後円墳である。

筑後川中流域

本流筋へ戻って、安武町では、塚畑・円福寺遺跡、坂本一～二号古墳と、往還西・ふうりん山・立石山・追分の各古塚（円墳）がある。梅満町は平島遺跡（円墳か）ほか一ヵ所で、大石町は南崎・大神神社・速水の各遺跡、京町は梅林寺川底遺跡のほか、日輪寺古墳（前方後円墳）がある。篠山町は明善高校校庭遺跡、東櫛原町は櫛原今寺・石丸・辻の各遺跡で、弥生時代以降。南薫町の南薫本村遺跡も同じである。合川町の東・御蔵園・西小路・中郷・市ノ上屋敷・同西屋敷・同北屋敷・水生・上千合寺・大林・古宮Ⅰ～Ⅱの各遺跡は縄文・弥生時代のもので、集落跡などをふくむ。古墳は聚福寺一号墳（円墳）のみである。

筑後川沿いから市街地、内陸部に入ると、荒木町の隣りの藤光町では、前縄文・縄文時代の屋敷A～B・水神の各遺跡と、屋敷一～二号、坂ノ上の各古墳（円墳）がある。上津町には、本山天満宮・本山E～F・浦山・柳瀬A～B・ヨイタ・十ノ江・平野・亀ノ甲・旧高良台演習場跡・下千束・池田窯跡群の各遺跡、これらは先土器・縄文・弥生時代以降の分が多い。古墳は大中三～四号・中尾山・北上村・浦山二～三号、甲塚三号・中屋・狐塚の各円墳、浦山古墳（前方後円墳）などである。国分町では、日吉神社境内・政所A～B・日ノ隈山・熊野神社・古賀・立割・名入A～B・正福寺・白川Ⅱ・下千束・隈山の各遺跡に日渡遺跡群があり、その数は縄文・弥生・古墳時代の順となる。津福本町は、隈丸・平島遺跡のみで、後者は円墳の可能性もある。野中町には正源寺遺跡と天神塚古墳（円墳）がある。

内陸部の奥地を北上すると、まず藤山町では、甲塚遺跡（縄文～平安時代）のほか、円墳の柳の瀬・鉾立・池尻山・甲塚二・三号・向日焼古墳群、甲塚一号墳（前方後円墳）がある。また、高良内町では、ひょうたん山・内戸田・寺尾山A～B・前坂・蛭谷《ひるたに》B～C・中戸花・原口・大谷A・地蔵堂・持田の各遺跡、縄文時代のものが多い。古墳は、弘法山・愛宕山・日吉神社境内・釜口・丸深田・十八一～四号、観音山塚・内野・唐孔雀《とうくじゃく》・塚本山・鰐口・鷹月・赤梨子・ひょうたん山一～二号・石橋一～二号・三ツ塚一～三号・カネ塚・山伏塚・妙見祠・坂口一～二号・上谷・大谷一～三号・イトオリ塚・岩竹一～二号・マンダラサン・竹の子一～二号・社日神社・持田一～三号・鳥塚一～二号・塚田の各古墳（円墳）で、石櫃山古墳（長一〇〇メートル以上、前方後円墳）もある。高良内へは、筑後川沿いの京町・国分寺町経由の直線コースが考えられる。

　さらに、御井《みい》町には、高良大社・高良山神籠石（長一・五キロ余）・鷲ノ尾山・祇園山・隈山B～C、横道A～B・旗崎A・赤坂B・中尾A～B・大銃場・一本松・矢取隈・宗崎東・若衆塚などの弥生遺跡が多い。古墳は、鏡山一～二号・祇園山一～五号・愛宕山・礫山・打越一～三号・浄水場構内・塚畑・大銃場一～二号・長畑・若衆塚・打揚塚・一本松・稲荷山一～二号の各古墳があり、祇園山の方墳一例以外はすべて円墳である。このうち祇園山古墳は女王卑弥呼の冢《ちょう》そっくりで、中央の巨大な箱形石棺は盗掘されているが、裾部を三段に取りまく徇葬《じゅんそう》墓六〇余基のうち、ひとり上段の甕棺内に中国銅鏡やヒスイの大勾玉・管玉・鉄器片の宝器を抱く女骨は、いかにも鬼道に仕えた女王卑弥呼に関する記述を連想させる、ともいわれる（田中幸夫「魏志の邪馬台と大和の神話」『久留米郷土研究会誌』一二）。

ここで特徴的なのは、高良山《こうらさん》・同神籠石《こうごいし》の壮大・堅固さで、先の高良内の古墳群、特に石櫃山・祇園山の両古墳と併せて、この地を邪馬台国の中心地とみる説の基礎をなしてきた。

御井町に接する山川町も、古墳や遺跡地は多く、筑後川沿いの山川神代から、御井の高良大社・高良山神籠石群への最短コースである。片田・茶臼山A～B・西・赤坂B・南本村・東光寺・放光寺・安国寺・野口・渡屋敷・大島・神代川底の各遺跡があるが、おおむね弥生時代のもの。古墳は王子山・北栗林・石川・本村・別当山・鶴ヶ城・山川招魂社・永田氏邸内・城ノ前・城谷・七曲山一～五号・竹の子の各古墳（方墳一例を除きすべて円墳）である。その隣りの山本町には、塚原・落間・尾畑・本谷・山シブ・一ノ谷・不光院の各遺跡があるが、縄文、弥生時代の分は各一ヵ所で、残りは古墳時代のもの。古墳は、大浦・前田一～三号・西丈クラベ一～四号・塚原・馬塚一～二号・大屋敷一～二号・平原一〜二号・東丈クラベ・小寺西山一〜七号・本谷一〜二号・浦畑一〜四号・天神塚・塔の本・小寺・小福寺一〜三号・東山一〜三号・西屋敷一〜二号・東屋敷・大浦の各円墳である。

その北隣り、筑後川沿いの善導寺町では、宇羅・古北川底・北島・与田土器園・木塚・本村内畑の各遺跡、古墳は堂前・本村一〜四号（円墳）と、木塚古墳（長四八メートル、前方後円墳、多彩な埴輪出土）である。その隣りの草野町には、道の上A・東諸富・上諸富・春・大屋敷A〜B・南面松・原小路・中浦田・古町・中馬場・吉木野付A〜C・後田・上西屋敷・芋払の各遺跡（縄文〜古墳時代）がある。そして古墳は、鹿毛塚・南屋敷・前畑・薬師下北・同南・上塚原一〜三号・下塚原一〜二号・内畑・春・大屋敷一〜二号・江下小路・合原一〜四号・諸富一〜三号・上諸富一〜八号・中諸富・東野付一〜二号・中野付一〜二号・野付・中馬場二〜三号・下馬場一〜三号・中浦田一〜三号・天神山一〜二号・山王山・東合原・芋払一〜七号・発心・伊勢前の各円墳など、数多い。

(4)　筑後川流域北部

筑後川沿いの東櫛原町より善導寺町までの対岸には、久留米市の小森野・宮ノ陣があり、その東北方が三井郡北野町である。小森野には、宝満川・小森野の各川底遺跡が、宮ノ陣にも宮ノ陣・千ヶ塚の各川底遺跡があり、筑後川や宝満川の氾濫で埋土化した時代的変遷をうかがうことができる。北野町には、古町・千代島・塚島・今寺・仁王丸・稲数・八勝負・餅田・打添・石町・箏の城・日比生の各遺跡（一部の旧石器時代の分を除くと弥生時代以降）があり、古墳は塚島・仁王丸の両円墳のみである。その北の同郡大刀《たち》洗《あらい》町には、宮巡・春園・十ヶ渕・中西又原・二塚東〜西・馬ヶ田・本の間・辻・八田・砂取・辰口・甲条神社の各遺跡（弥生・古墳時代）があり、古墳は屋敷付一〜三号号墳（円墳）のみである。

宝満川筋と津古生掛古墳

久留米市小森野より宝満川を北上すると、小郡市域である。宝満川の右側に位置する上西には、高島・宝満川川床遺跡、これを少し北上して大板井の大板井遺跡、その近くに小郡遺跡、大保の大保・善風遺跡、力竹の三国小学校遺跡などがつづく。小郡の弥生〜古墳時代以外はすべて弥生時代のもの。なお、大保では最近、弥生前期の二重環濠（内環濠—南北六一メートル・東西五四メートル、外環濠—南北八八メートル・東西七九メートル。ともに幅二・五メートル・深さ一〜二メートルのV字形）と住居址・貯蔵穴・墓地などが出土し、拠点集落の一つとみられるが、ほかに立石一〜一一号墳（円墳）がある。その上流の横隈には、三国のハナ遺跡と三国のハナ一～一四号墳（円墳）、その西側の三沢は弥生遺跡や古墳が多い。三沢には、種畜場内・ハサコの宮・松尾口・北牟田・牟田口・大塚・上棚田・西中隈・三沢日吉神社・同支石墓・同箱石石棺群・宮裏・大手木・北内畑・正原・三沢ピクニックセンター・西島・古賀・三沢南崎・前沢・栗原・花聳の各遺跡と花聳・大塚の両甕棺群などがある。古墳は、種畜場内一～三号・ハサコの宮一～四号・北牟田一～二号・鈴隈・虚空蔵塚・三沢一～二号・三沢大塚・正原一～四号・カンゼ山一～三号・松尾口一～五号・黒岩神社・花聳一～二号・横沢ほかの円墳である。

津古には、御所・同甕棺群・片曾葉・津古内畑・同裏山・同遺跡群・高田・猩原・宮原・鍋倉・三国野一～七地点・天神木・八龍・上の原・上野山の下の各弥生遺跡がある。古墳は、御所一～二号・片曾葉・宮ノ前・弁在天・津古内畑一～四号・津古浦山一～二号・津古一～三号・三国野一～三号・キツネ塚一～三号・十三塚・如意一～二号など各古墳がある。このうち、津古一～二号墳と三国の鼻一号墳は前方後円墳、津古三号墳は方墳で、墳長は順次、四二、二九、六七、二〇メートルで、古墳時代前期の古墳群のうち最初に造られたものである。

昭和六〇年（一九八五）、三国が丘団地内の生掛公園の所にあった津古生掛古墳（長三三メートル）が発掘され、主体部からは方格規矩鏡（鳥文鏡、船載）・鉄剣・鉄鏃《てつぞく》・ガラス玉、土坑から鉄斧・鉄鉇など、くびれ部から鶏形土製品など多種の副葬品が出土した。主体の周辺に、方形周溝墓（六基）とこれに重複する形で円形周溝墓や土壙墓（三基）が確認され（『小郡市史』四）、古墳時代の最古段階のものとみられている。この成立時期は、三世紀後半から四世紀初頭、それも三世紀末ごろともいうが、方格規矩鳥文鏡の対比、京都府の大田南五号墳出土の「青龍三年」（二三五年）から、畿内の場合と同様、五〇年溯らせてよいかもしれない。このことは畿内の古墳形式が九州に伝播したというよりはむしろ、初期には逆の現象を基本としたとの見解を支持するものとなろう。

なお、宝満川の右手、東側の上岩田には老松神社一～二号墳、井上には井上北口・村井の両遺跡、山隈には日の子神社一～三九号・大師堂・西下野などの各古墳がある。吹上には甕棺墓や住居跡を持つ吹上遺跡、干潟では、干潟・片曾利・東辻・八枝泉・前畑・干潟下出口・干潟城山・須戸折の各遺跡（弥生・古墳時代）、古墳は干潟・片曾利・東辻・二ツ塚一～二号・御塚・三京塚一～三号・穴観音一～四〇号・花立山登山口一～一二号・下鶴の各古墳（円墳）が集中する。乙隈の乙隈遺跡は、各字地の散布地からなるが、集落密集度は小さいようである。

再び筑後川の本流から、大刀洗町を経由、北上する小石原川は、甘木市《あまぎ》街を右にみながら東北方へ溯るが、他方、これと筑後川近くで分岐した二又川は、そのまま著名な平塚川添遺跡付近に到達、ここを源流とする。

小石原川筋と平塚川添遺跡

また、筑後川の少し上流より分岐する佐田川は、東北方向へ溯上して寺内ダムへと達するが、他方、佐田川河口近くからの桂川は東北行し、中島田付近で荷原川を分流しながら、旧朝倉町内を貫通する。

ここでは、小石原川の左手、甘木市街の西側からみると、弥生・古墳時代の住居跡が多い馬田・牛木には、馬田・上原・馬田ひばりヶ丘(1)〜(2)、中原および牛木の各遺跡があり、前者の馬田りんりん石・宮原の両古墳は円墳である。その上流部西側の隈江には、タラガ坂一〜一八号・京塚一〜一一号・四ツ塚一〜二号・兎袋一〜四号・高頸一〜二号の各古墳(円墳)が集中する。この川の左手(東側)には平塚川添遺跡がある。これは弥生中期〜古墳初期の低湿地に位置する環濠集落で、七重の環濠は珍しく、防禦と用排水路を兼ねたものだろう。内濠内部の中央集落は、掘立柱建物約一〇〇棟・竪穴住居約二〇〇棟を数え、外部には小集落(七カ所)がある。中央部の大型建物(約九・五×五メートル)四棟が祭政施設、北東部の廻廊付の大型建物(約六・九×八・三メートル)が首長の居館と推測され、東北の台地上

図22　平塚川添遺跡発掘状況

の環濠集落である平塚山の上遺跡と併せて二〇ヘクタル以上の拠点集落を考え、邪馬台国＝甘木説の論拠の一つともなっている（平塚川添遺跡の発見以前、平塚では栗山A—1・2、同B、同C—1・2の各弥生遺跡、平塚フタツ塚古墳〈円墳、銅鏡出土〉が知られていた）。

平塚川添遺跡の周辺地域には、南に小隈や福田町、東に小田、東北に一ツ木、北に甘木などの遺跡地がある。まず、小隈には、小塚・小隈ヤシキ・同宝満・福田カンノクラの各遺跡と、小塚一〜二号・原田八幡宮一〜三号・カンノクラの各古墳がある。カンノクラ古墳（長四〇メートル、前方後円墳、三角縁神獣鏡出土）のほかは円墳、遺跡も弥生・古墳時代のもので、福田遺跡も同じ。小田には、小田・

同はとむね・市道ツツミ線・南出口A～Bの各弥生遺跡のほか、茶臼塚古墳（長六五メートル、前方後円墳、武具・武器・馬具出土）が重要性を持つ。一ツ木には、頓田高見・一ツ木の両遺跡のほか、弥生時代の住居跡などがある。

甘木にも、甘木七日町・同梶丸土師遺跡と甘木一～二号墳があるが、堤には、宗原遺跡一～一一号墳・大岩東部・同南部の各遺跡、それに鬼迫一～三号・堤宝満宮一～二号・大岩東部一～四二号・同西部一～二号・同南部一～一〇号・迫谷一～九号の各古墳が集中している。菩提寺には、古寺遺跡一～六号棺・丸山一～二号・丸山公園瓢箪山《ひょうたんやま》石棺群・同土師の各遺跡と、前方後円墳の鬼ノ枕古墳（長九一メートル、馬形埴輪出土）がある。その北の持丸では、持丸一～八号・同東部一～八号の各古墳（円墳、他）をみ、下渕にも安川下渕遺跡（広鋒銅鉾）のほか、宮ノ前東部一～八号・同西部一～二号・名子一～八号の各古墳（円墳）がある。まさに遺跡ラッシュである。

佐田川筋

佐田川を溯ると、屋永に弥生時代の屋永西原遺跡、柿原にも、柿原大郷遺跡と、柿原ムコウの山・高住社一～三号・原一～三号・小屋敷・野田東部一～六号・同一～五号・ヒバリ一～六号・城ノ下一～一四号・大郷一～一〇号の各古墳（円墳）が集中する。板屋には、縄文・弥生時代の板屋大郷・同高野堂・同田中原A・

B・C各遺跡、板屋大郷（二〇数基）・板屋高野一～二号・田中原の各古墳（円墳）がある。屋形原では、縄文時代の城原遺跡と城深一～三号墳（円墳）だけがある。一方、板屋の対岸地域の三奈木には、大仏・人埋塚・古熊山ノ鼻など各縄文・弥生遺跡が散在し、また大仏古墳群はじめ、ヤツエ塚・人埋塚・清岸寺・穴天神・鳥越一～三号・古熊一～七号の各古墳がある。ヤツエ塚古墳（前方後円墳）以外はすべて円墳、うち人埋塚古墳からは金環・同釧《くしろ》・玉類などが出土した。三奈木の隣り荷原では、弥生・古墳時代の鬼ヶ城・荷原池辺・荷原の各遺跡がある。

先の桂川の分流、荷原川沿いの石成には、縄文～古墳時代の石成・拝塚遺跡と石成甕棺群・石成古墳（円墳）があり、同古墳の二号棺からは珠文鏡を出土する。桂川を東行すると大庭・入地とつづくが、大庭には弥生・古墳時代の松の木・長渕南方・上の原の各遺跡がある。入地でも、同時代の歳田・東中町・狐塚南方の各遺跡、狐塚箱式石棺と朝倉狐塚古墳（円墳）があるぐらいだが、須川・宮野・鳥集院へ進むと、弥生遺跡と古墳の密集地帯といってもよい。

須川には、井出野・向別所・八並・長安寺原・高畠・朝倉小学校・須川・須川B・上須川・同山田・同裏山・天皇山・長安寺の各遺跡と上須川石棺群（五〇数基）、それに降葉山一〜四号・弁田口・小隈一〜一三号・一ノ宮・山後山一〜二三号・サンパ山・三十歩・たぬき穴一〜三号・上須川一〜一八号古墳、そして長安寺・上須川一〜三号の各窯跡などがある。なお、須川字馬乗には、飛鳥時代の斉明天皇の「伝・朝倉宮土壇跡」が遺る。宮野には石橋川原・星神塚・饗田谷の各遺跡、宮地嶽一〜二号・同小型竪穴式・下町・堂ノ本箱式の各石棺などと、宮地嶽一〜二〇号・同東方一〜五号・同西方一〜二号・中宮野神社内・星神塚・下町・北八坂一〜四号・八坂一〜四号・一の坂一〜二号・宮野A地区一〜四号・同B地区一〜六号・南淋寺裏山一〜三号・立野一〜四号の各古墳がある。鳥集院には江古神社境内石棺のほか、江古神社一〜三号・宮地嶽北方一〜六号・曲谷一〜四号・上梨木一〜五号・鳥集院一〜六号がある。このうち上梨木・鳥集院の両古墳（前方後円墳、一基ずつ）のほかは、すべて円墳である。

次いで、古毛には弥生時代の古毛遺跡、菱野には原菱野・小松原・剣塚の各遺跡と、三反田一〜三号・剣塚一〜二号・妙見一〜三号・山ノ神一〜一〇号の各古墳がある。このうち剣塚一号墳（長七〇・六メートル）は三段築成で、その南一〇〇メートルに二号墳が位置する。山田では、上ノ宿遺跡・外隈一〜四号棺（仿製の内行花文鏡などを出土）のほか、奈良ヶ谷一〜九号・山田一〜八号・同ウラ山一〜四号・同柳一〜七号・平川・浦山・長田・上ノ宿一〜七号・恵蘇山一〜三号・恵蘇八幡宮一〜二号の各古墳がある。このうち山田ウラ山一号墳は、舶載内行七文鏡・仿製内行花文鏡を出土する。

草場川支流筋

宝満川を小郡市域の乙隈で分流する草場川は、三輪町の上高場から大塚・弥永方面へむかう一方、草場川の支流も当所・森川、あるいは栗田方面へと進む。このうち、上高場では、縄文〜古墳時代の遺物散布地（八ヵ所）、次の久光では同散布地（二ヵ所）があり、後者には仙道・金比羅一〜一九号・峯町一〜一五号・峠一〜一一号の各古墳（円墳）が集中する。依井は、依井遺跡（住居跡群）と弥生・古墳時代の遺物散布地をみ、大塚は大塚天神社内遺跡、弥永には弥生・古墳時代の散布地（六ヵ所）と、大神山一〜一三号・弥永城一〜二号・駄道一〜四号・天神山一〜一一号・乃木松一〜五号の各古墳がある。

山隈には、山隈遺跡ほか縄文・弥生時代の散布地（七ヵ所）と、山隈一支群一〜三号・同二支群一〜五号の古墳、大久保にも弥生時代の散布地と、大久保一支群一〜七号・同二支群一〜四号の各古墳があり、高田には縄文〜古墳時代の散布地（三ヵ所）をみる。当所にも、同時期の散布地、石坂一〜一〇号・当所一〜一二号の各古墳（円墳）がある。森山では、弥生〜古墳時代の散布地（三ヵ所）のほか、小路一〜四号・森山一〜一一号・庵の下・平島一〜六号・松林一〜一二号の各古墳がある。最後の栗田には、弥生〜古墳時代の栗田経田・同旭の下と散在各遺跡（七ヵ所）、さらに目配一〜二号・若宮一〜一一号・東山一〜二号・寺山一〜三号・長福寺一支群一〜三号・同二支群一〜六号・堂の浦一〜一五号・溝落一〜二一号・同二支群一〜二九号・同三支群一〜一一号・同四支群一〜一二号・同五支群一〜九号・釜寺一支群一〜二号・同二支群一〜二号・同三支群一〜七号・同四支群一〜一九号・釜寺古墳四支群一〜一三号の各古墳（円墳）があり、その密集度には驚かされる。

草場川・曾根田川・山家川の各筋

夜須《やす》町は、宝満川の横隈・西小田・筑紫大橋付近より東北方面へ分流する草場川・曾根田川・山家川のあいだの地域である。まず、草場川沿いの四三嶋には、城山一〜三・鬼隈・金山一〜三・屋形原・外和崎・松尾一〜二・金葺原・向原・長牟田・西浦の各遺跡があり、先土器・縄文〜弥生時代のものが多い。古墳としては焼ノ峠・松尾一〜二号、集り古墳群などがあるが、松尾一〜二号墳は方形・円形の周溝墓である。また下高場には、鬼塚二〜三・浦野・坂口・峰・沼尻・塚本・出口・中原・中原前・恋入百万・小隈・吹田・小路田の各遺跡と、小隈一〜二号古墳および下高野古墳群・窯跡がある。

次に曾根田川沿いの東小田にはサヤテ・七板一～三の各遺跡、篠隈に木下遺跡、松延に三国手一～三・松延一～三・中原の各遺跡があるが、先土器～古墳時代のものが多い。三牟田には三牟田古墳群、三並には御供米・小宮・八並一～六の各遺跡などと勝山方墳群、畑島に池の下一～二遺跡があるが、おおむね先土器時代以降のものである。また、山家川沿いの朝日では、上の原・サヤノ本の両遺跡と散布地、中牟田には鯉ヶ淵・鬼神山・上ノ山・茶屋原・長浦の各遺跡と中の島古墳群がある。吹田では、立野・中尾・吹田・原の各遺跡と、鷲尾塚一～二号墳や吹田・牧の谷の各古墳群、赤坂では長浦一～二遺跡、そして砥上では梶原遺跡と、観音塚古墳・砥上山麓古墳群があるが、山家川流域でも先土器～古墳時代のものが多く、同一地域に生活の場が連綿とつづいたことを物語っている。

このほか、朝倉郡のうち宝珠山《ほうしゆやま》村では縄文時代の伊王寺遺跡のみで、小石原村には、縄文～古墳時代の権坂・上原の両遺跡と城山一～一四号古墳（円墳）がある。すこし場所は離れるが、筑後川の上流部に位置し、朝倉

朝倉宮跡と杷木神籠石

町に接する杷木《はき》町の志波《しわ》では、縄文・弥生時代の千代島・政所の各遺跡と、岩河内・赤坂・茶臼山・杉馬場・宝満宮の各古墳がある。なお、斉明天皇の朝倉橘広庭宮《あさくらたちばなのひろにわのみや》の所在地を、この志波地区に求める説もある。古賀では縄文～古墳時代の夕月・玉泉寺跡・日吉

神社・田神・招天満宮ほかの各遺跡、寒水は古墳(?)、池田には弥生・古墳時代の秋葉山・長光寺・立聞の各遺跡と小古墳がある。注目すべきは、林田の平野部へ突き出す山稜端にある杷木神籠石で、列石・版築《はんちく》土塁・水門二つが確認されている。これは土塁線内に二つの谷を取りこんだ包谷式山城で、外郭線の長さは約二・二五キロにおよぶ。築造の年代は不明だが、筑後と豊後を結ぶ交通の要衝で筑後川水運を掌握し、かつ軍事的機能も大であったとみられている。

邪馬台国の中心所在地については、筑前の太宰府、肥前の佐賀・吉野ヶ里、その他とする説など数多く、それぞれの遺跡分布を詳述すべきではあるが、『魏志』倭人伝にみる諸国名の位置関係を考慮し、かつ考古学的研究の成果（調査報告書など）にゆずり、ここでは割愛した。

以上の考古学的遺跡・遺物などを勘案すると、魏使は有明海のどの大河川沿いの平野または台地にある邪馬台国の王宮ないし城郭に到達したのか、を述べるところまできた。しかし、ここではなお、『魏志』が記す邪馬台国の「旁国」、狗奴国の所在地を若干検討したうえでの結論にしたいと思う。

なお、本章では、熊本・福岡県などの一九七八年度「遺跡等分布地図」や各県の諸地図・自治体史、および「発掘調査報告書」のほか、小城光弘『肥後路の旅・邪馬台国を訪ねて』（一九九四年）などを参照、依拠した。

「旁国」と狗奴国

女王傘下の「旁国」

女王卑弥呼が居所とする邪馬台国《やまたい》の確定には、その「旁国《ぼうこく》」の位置比定を必要不可欠とする。もっとも、そのすべてを比定しなくとも、特に重要な若干数の所在地が明確になれば、邪馬台国の位置措定の大枠は揺るがぬものとなる。

「旁国」の意味

『魏志』倭人伝は、「自二女王国一以北。其戸数道里。可レ得二略載一。其余旁国。遠絶不レ可レ得レ詳」と、女王国より以北については、その戸数・道里を略載できるが、その余の「旁国」は「遠絶」にして詳記できない、と述べる。この「遠絶」という言葉は、「旁国」（傍国）の語義とは完全に矛盾するが、これは魏使が直接訪れていない伝聞上の諸国であることに加え、倭人―たとえば伊都国の役人―が、邪馬台国を「水行十日、陸行一月」というふうに遠隔の地だと魏使に述べたと同様、「旁国」についても遠隔にして女王国の版図が大なることを認識させようとした意図の反映であろう。この「旁国」を、辺境の国と解釈する説もあるが、邪馬台国の周辺とみるべきだと思う。

次有㆓斯馬国㆒。次有㆓巳百支国㆒。次有㆓伊邪国㆒。次有㆓郡支国㆒。次有㆓彌奴国㆒。次有㆓好古都国㆒。次有㆓不呼国㆒。次有㆓姐奴国㆒。次有㆓對蘇国㆒。次有㆓蘇奴国㆒。次有㆓呼邑国㆒。次有㆓華奴蘇奴国㆒。次有㆓鬼国㆒。次有㆓為吾国㆒。次有㆓鬼奴国㆒。次有㆓邪馬国㆒。次有㆓躬臣国㆒。次有㆓巴利国㆒。次有㆓支惟国㆒。次有㆓烏奴国㆒。次有㆓奴国㆒。此女王境界所㆑盡。

ここでは、女王の都から北九ヵ国以外の女王国傘下の連合的諸国（二一ヵ国）が記されており、合計三〇ヵ国が先にみる「今使譯所㆑通三十国」となる。ここで実際、地図上に各国の位置比定をこころみるならば、九州の島原湾・有明海沿岸をはじめとする、邪馬台国の周辺地域のそれとなってしまうが、全部を措定するのは牽強付会に陥る危険性があるので、可能性のあるものに限定したい。

「旁国」の比定地

まず、邪馬台国＝九州説、畿内説の書く論者の比定地を示したうえで（表5）、古代中国の①上古音（周・秦・漢）・中古音（隋・唐）、ならびに②漢音・③呉音の別、そして森博達『『三国志』時代の発音で「倭人伝」を読む』などを参照しながら（表6）、対馬国〜邪馬台国と、斯馬国以下の「旁国」、それに後述する狗奴国のそれをふくめた諸国が、現在地名とどう関連するかを一覧表により改めて検討する。特に、表6の対馬国〜邪馬台国のうち、投馬国の訓《よ》みが「トウバ」（漢音）か「ツメ（モ）」（呉音）を除けば、ほかは大略特定できるのに対し、「旁国」のそれは比定がやや困難であるが、表中の④によって一部を措定する。以下の「旁国」の各記述のうち、※印の国名は森氏の説で、○印の郡・郷名は私見の措定地、△印はほぼ推測、×印は不明の分である。

斯馬国

「旁国」の冒頭は、斯馬国であるが、この国の地理的位置づけの意義は、一般にあまり認識されていないようである。しかし、これは邪馬台国論争の畿内説・九州説に大きく影響するばかりか、その死命を制するほどのカギであるといってよい。かつて九州説の論者―新井白石以下、橋本増吉・牧健二・工藤篁ら諸氏―は、斯馬国を筑前志摩郡か糸島半島とみなし、畿内説の論者―内藤虎次郎・山田孝雄・志田不動麿・由良哲次ら諸氏―は、紀伊半島の志摩国の前身とみたが、後者ではわずかに本居宣長が筑前志摩郡か薩摩囎唹《そお》郡志摩郷、米倉二郎氏が周防大島郡、桑原薫氏が摂津島上・島下郡とする程度で、現在なお大きな流れに変化はない。

もっとも、『旧唐書《くとうじょ》』と同じころ（正しくは唐の高宗の顕慶五年〈六六〇〉以前）に作成された『翰苑《かんえん》』（太宰府天満宮蔵、国宝）は、「邪届伊都、傍連斯馬」の綱文をたて、『廣志』という『魏志』が引用する『魏略』とほぼ同時期の地誌の文章を掲げているが、これには「邪馬嘉《ヤマガ》国」や斯馬国以下が連記されている。『翰苑』の綱文は、従来いろいろに読まれてきて、例えば橋本増吉氏は「邪届（馬）、伊都傍、連斯馬」として、邪馬台国を伊都国の傍らと解釈し（同『東洋史上より見たる日本上古史研究』増訂版）、長沼賢海氏は「志賀、怡《い》土《と》は志摩にそひ連る」とした（同「糸島水道と倭奴国」『史渕』五〇）。しかし、『翰苑』の綱文は『漢書』の「邪ハ粛慎《しゆくしん》ト隣リス」など以下に準拠するならば、「邪《なな》は伊都に届《いた》り、傍《かたわ》ら斯馬に連なる」と読むべきである。これによれば、末盧国を出て伊都国に達する直前、

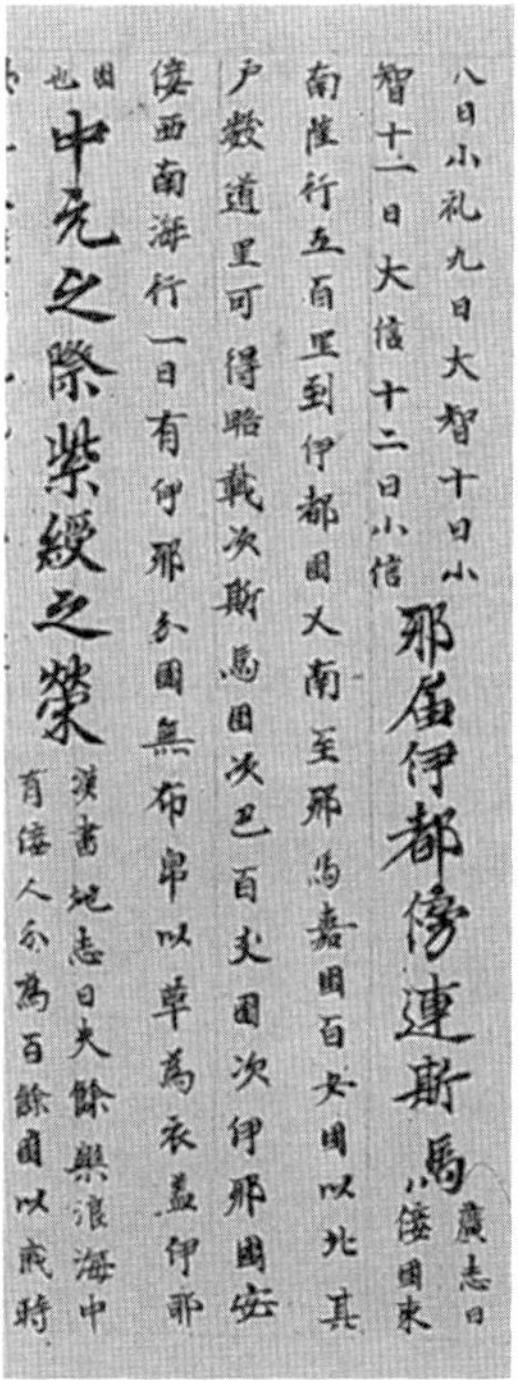
八日小礼九日大智十日小
智十二日大信十二日小信　邪届伊都傍連斯馬　廣志曰倭國東
南薩行五百里到伊都國又南至邪馬嘉國百女國以北其
戸數道里可得略載次斯馬國次巳百支國次伊邪國安
倭西南海行一日有伊邪分國無布帛以草爲衣盖伊邪
國也　中元之際紫綬之榮　漢書地志曰夫餘樂浪海中
有倭人分爲百餘國以歳時

図23　『翰苑』巻三十伊都・斯馬条（太宰府天満宮所蔵）

ⓐ内藤虎次郎	ⓑ山田孝雄	ⓒ志田不動麿	(1)吉田東伍	(2)米倉二郎
対馬国	対馬国			
壱岐国	壱岐国			
肥前国松浦郡	肥前国松浦郡			肥前国松浦郡
筑前国怡土郡	筑前国怡土郡			筑前国怡土郡
筑前国那珂郡博多辺	筑前国儺県すなわち博多			筑前国那津
宇　瀰	〈不明〉			
周防国佐婆郡玉祖郷	但馬国	備後国鞆	薩摩国(高城郡托摩郡)	出雲国
大和国	大和国	大和国	大隅国囎唹郡姫城	大和国
志摩国	志摩国	志摩国	桜島(北大隅郡)	周防国大島郡
伊勢国石城	イハキ		伊爾敷(鹿児島郡伊敷村)	周防国熊毛郡石城神社
志摩国答志郡伊雑宮伊勢国度会郡伊蘇郷	イヤ,イサ	伊予国	伊作(南北伊左二郡)	伊予国
伊勢国度会郡榛原神社	クヌキ		串伎(姶羅郡加治木郷)	周防国玖珂郡沿岸
美濃国	美野	美濃国	湊(日置郡市来郷)	備前国御野
美濃国各務郡・方県郡	ココツ	河内国	好古都で，笠沙(川辺郡加世田郷)	備前国和気郡香止郷
美濃国池田郡伊福・不破郡	〈未定〉		日置(日置郡日置郷)	備前国邑久郡
近江国高島郡角野郷	周防国都濃郡		谿(谿山郡)	周防国都濃郡
近江国伊香郡遂佐郷	土佐国	土佐国	多布施(阿多郡多布施郷)	土佐国
佐奈県(伊勢国多気郡佐那神社)	伊勢国佐那郡遠江国佐野郡		囎唹(西囎唹郡)	讃岐国
伊勢国多気郡麻績郷	〈未定〉		鹿屋(肝属郡鹿屋郷)	伊予国桑村郡
遠江国磐田郡鹿苑神社	武蔵国金鑽神社		囎唹の別邑(東囎唹郡)	伊予国神野郡伊曽乃神

表5　論者別邪馬台国とその「旁国」の比定一覧

	Ⓐ新井白石		Ⓑ本居宣長	㋑橋本増吉	㋺牧　健二
	「古史通或問」	「外国之事調書」			
対馬国	対馬国	〈左同〉	対馬国		
一支国	壱岐国	〈左同〉	壱岐国		
末盧国	肥前国松浦郡	〈左同〉	肥前国松浦郡		
伊都国	筑前国怡土郡	〈左同〉	筑前国怡土郡		
奴　国	筑前国那珂郡		筑前国儺県・那津		
不弥国	宇　美	宇　瀰	宇　瀰		
投馬国	鞆・須磨浦	肥後国託麻郡・玉名	日向国児湯郡都万神社辺		日向国妻町
邪馬台国	大和国	筑後国山門郡	大和国(ただし筑紫にある者の偽僭とする)	筑後国山門郡	筑後国山門郡
斯馬国	筑前国志摩郡	〈左同〉	筑前国志摩郡または大隅国囎唹郡志摩郡	筑前国志摩郡	筑前国志摩郡
已百支国		筑前国下座郡城辺		肥後国合志郡	肥前国杵島郡磐田杵
伊邪国				肥前国高来郡伊佐早	豊前国宇佐郡
郡支国	豊後国球珠郡			肥前国小城郡	筑前国遠賀郡洞(クキ)
弥奴国	肥前国三根郡			肥前国三根郡	肥前国三根郡(嶺県)
好古都国				肥後国菊池郡	肥後国菊池郡
不呼国				肥前国高来郡伊福郷	肥前国島原半島伊福村
姐奴国	筑後国竹野郡	〈左同〉	伊予国周敷郡田野郷	筑後国竹野郡竹野郷	日向国西諸県郡狭野肥後国山本郡佐野郷
対蘇国	肥前国鳥栖《(ママ)》郡	肥前国養父郡鳥栖郷	土佐国	肥後国阿蘇郡	肥前国養父郡鳥栖郷
蘇奴国	肥前国彼杵郡	〈左同〉		肥後国山本郡佐野郷	肥前国彼杵郡肥後国佐野郷
呼邑国				肥後国飽田郡川内郷	日向国児邑郡
華奴蘇奴国				肥前国神埼郡	肥前国神埼郡

尾張国丹羽郡大桑郷 美濃国山県郡大桑郷	紀伊国		城(高城郡)	安芸国
三河国額田郡位賀郷 尾張国智多郡番賀郷	三河国位賀郷	伊賀国	可愛 (薩摩国高江郷)	播磨国餝磨郡 英賀郷
伊勢国桑名郡 桑名郷	〈未定〉		阿久根 (出水郡阿久根郷)	播磨国柞田駅 苅田郡柞田郷
伊勢国員弁郡 野摩	ヤマ		筑後国山門郡上 妻・下妻郡(八女)	播磨国野磨駅 赤穂郡山野里
伊勢国多気郡 櫛田	クシ〈未定〉	越国	筑後国三潴郡・ 御井郡	播磨国赤石櫛淵
尾張国・播磨国	尾張国	播磨国	筑後国御原郡原	播磨国
吉備国	吉備国	紀伊国	肥前国基肄郡	吉備国
備後国安那郡	近江国小野郷 越後国魚沼		筑前国御笠郡 大野山	備後国安那郡
	信濃国伊奈郡		筑前国那珂郡・ 儺県	
肥後国菊池郡 城野郷	毛野国	熊野	伊予国河野	

理学者の順に示している.

右斜め前方に進むと伊都国、その傍らに斯馬国が連続(または連結)するので、斯馬国は地理的にも後年の嶋(↓志麻→志摩)郡となる。したがって、斯馬国(糸島半島の北半分)が、伊都国に置かれた女王国の大率の監察下にあろうとも、これは伊都国に包摂されていたわけではなく(地元の考古学者のなかには包摂した地図を描く)、ましてや伊勢国に接する遠隔地の志摩国の可能性などまったくない。※「しま」国。○筑前嶋(志麻・志摩)郡。

『翰苑』の斯馬国が、後の嶋郡であることを示す間接証拠は、第一に、志摩町の一ノ町遺跡から弥生時代の中期

鬼　国	肥前国基肄郡	〈左同〉	肥前国基肄郡	肥前国彼杵郡	肥前国小城郡
為吾国		筑前国遠賀郡	筑後国生葉郡	筑後国生葉郡	筑後国生葉郡
鬼奴国				肥後国菊池郡城野郷	肥後国菊池郡城野郷
邪馬国	八女国	豊後国海部郡	豊前国下毛郡山国郷または八女県	筑後国八女	肥後国八女(八女国・八女県)
躬臣国	肥後国合志郡	肥後国菊池郡		肥前国佐嘉郡巨勢郷	豊後国球珠郡
邑利国	肥後国波良郷	〈左同〉		肥後国阿蘇郡波良郷	肥後国託麻郡波良郷
支惟国	豊前国築城郡	〈左同〉	周防国吉敷郡宇努郷または西国に多くみえる大野	肥前国基肄郡	肥前国基肄郡
烏奴国	豊後国大野郡	肥後国宇土郡豊後国大野郡		筑前国御笠郡大野郷	筑前国御笠郡大野郷・豊後国大野郡
奴　国				筑前国那珂郡	肥後国八代郡大野村
狗奴国	肥後国球磨郡		伊予国風早郡河野郷		肥後国球磨郡(熊県)

（出典）　佐伯有清『研究史邪馬台国』（1971年）掲載一覧表による．
（注）　新井白石・本居宣長以外の研究者は，九州説・畿内大和説の各論者，地

前半～後期後半の大規模集落跡が発掘されはじめ、北部九州における最大級の建物跡や方格四神鏡などの銅鏡・銅《どう》鏃《ぞく》以下、多数の祭祀用ないしは生活用具の石器・土器の出土状況と景観とが、一大（壱岐《いき》）国の原《はる》ノ辻《つじ》遺跡と酷似すること（一ノ町遺跡に隣接する発掘中のウスイ遺跡も、大規模集落の拡大を示す）、第二に、若干年代はくだるが、多数の古墳群のうち未発掘の日吉神社古墳が全長二二五メートル（削平分を追補すれば二七五メートル）の九州一巨大な前方後円墳（古墳の連合体か）と推測されること、第三に、『魏志』倭人伝にみる小国名、伊都・奴・末盧・弥奴などに

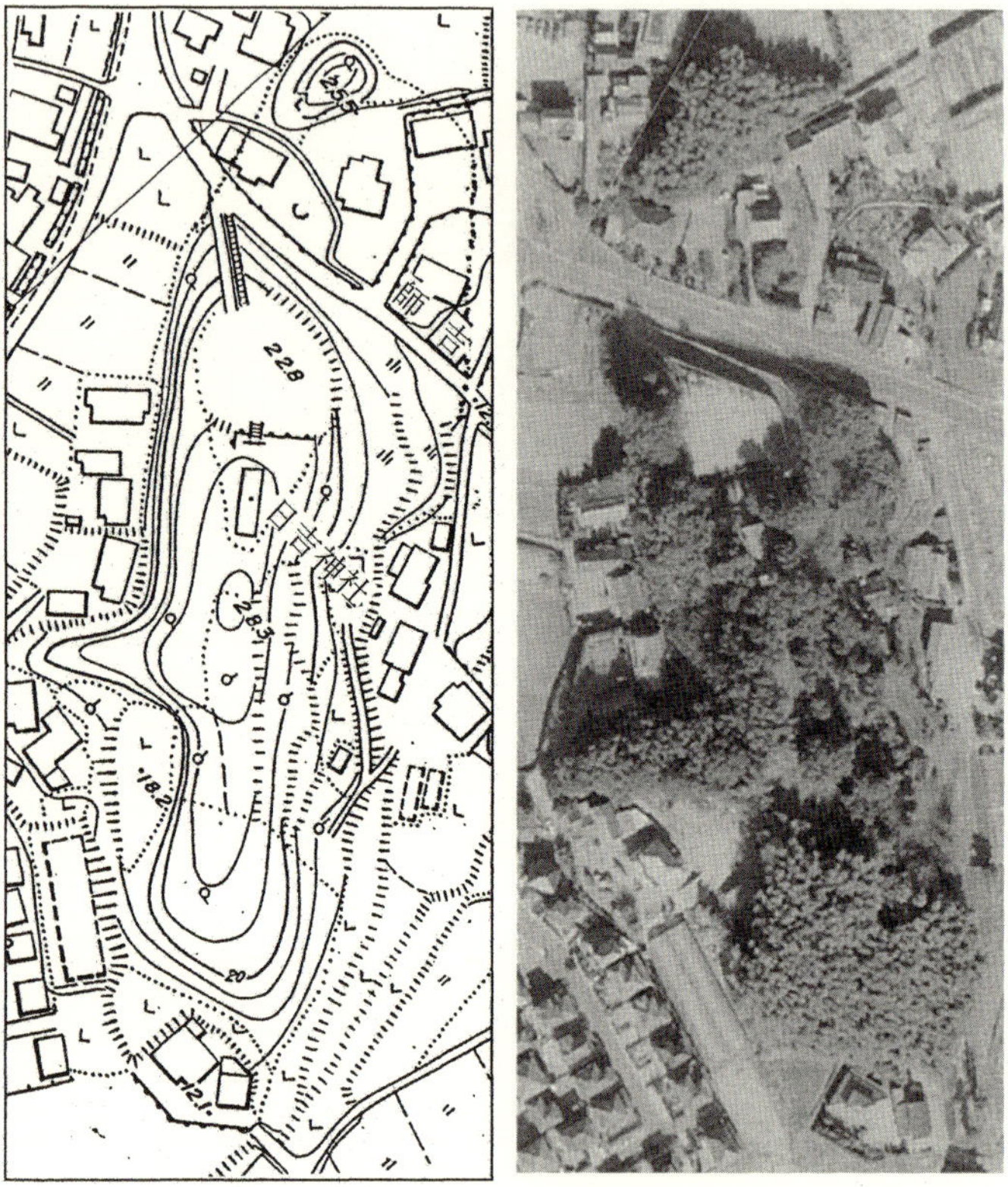

図24・25　日吉神社古墳・同実測図

は、四〜五世紀ごろ伊覩《いと》・儺《な》・松浦・嶺《みね》の各県主《あがたぬし》が置かれ、斯馬にも古代末期の史料ながら治承二年（一一七八）七月十五日付で「嶋縣」の記事が『誓願寺盂蘭盆一品経縁起』（国宝）にみえるので、嶋県主の存在が推定されること、第四に、その一人が、『日本書紀』巻九・神功《じんぐう》皇后の四十六年春三月乙亥朔条にみる加耶諸国の一つ、卓淳国に倭の使者として派遣された斯摩（志摩）宿禰で、自分の従者と卓淳人二人を百済に遣わしてときの肖古王（近肖古王カ）を歓喜させたという人物と推定されること、である。その年は『日本書紀』の紀年を修正して西暦三六六年、百済《くだら》人が卓淳国を訪れたのは修正紀年三六四年であるので、ほぼ正確とみられる。なお、『翰苑』の記事と右の発掘成果から、邪馬台国＝畿内説を堅持する考古学者西谷正氏も、一ノ町遺跡を「『伊都国』の近隣に存在した『斯馬国』の中心地だった可能性もある」と指摘する（『西日本新聞』二〇〇一年一一月二二日付）。

このように『魏志』倭人伝の時代に、糸島半島のうち志摩地域が斯馬国として伊都国とは別個に独立し、大和朝廷の形成段階には朝鮮半島との対外交渉に大きな役割を果たしていたのである。これは従来の考古学者の多くが、志摩町をふくむ糸島半島を伊都国とみなして、邪馬台国＝畿内説を補強したり、旧志摩郡内に所在する九州大学の移転地を「伊都キャンパス」と命名していることに対する、要訂正の論拠の一つともなろう。

已百支国

これを「イハキ」「イホキ」と訓み、九州説では筑前下座《しもつあさくら》郡城辺《きべ》（新井白石）・肥前磐田杵（牧健二）などを挙げ、畿内説では伊勢石城（内藤虎次郎）・周防熊毛《くまげ》郡石城神社（米倉二郎）・磐城国（小中村義象）などとした。※「いひやくし」国。一方、『廣志』は、斯馬国の次に「巴百支国」（ハヒヤクシ・ハホキ）と記すが、これならば肥前北松浦《きたまつら》郡百岐かも知れない。△肥前北松浦郡百岐か。

伊邪国

九州説では、「イサ」と訓み豊前宇佐郡（牧健二）、「イヤ」と訓んで肥前伊万里（宮崎康平）、大和説では「イサ」と訓み伊勢度会《わたらい》郡伊蘇郷・志摩答志郡伊雑《いさわ》郷（内藤虎次郎）、「イヨ」と訓み伊予国（志田不動麿・米倉二郎）がある。※「いや」国。『廣志』は、伊邪国を伊邪分国とする。△肥前養父郡か。

郡支国

宋の紹興本《しょうこうほん》・紹熙本《しょうきほん》など以降の各種刊本は都支国とするが、宋槧本《ざんぽん》『三国志』の倭人伝は、郡支国と記した。そこで畿内説の内藤氏は「宋元本に従て郡支に作るべし」と、都支を郡支に改め、伊勢度会郡棒原神社とし、この棒原は「櫟原」（くぬきはら）の誤記とした。しかし、これは「榛原《はりばら》」の誤記とすべきで、そうなら郡支国の根拠はくずれるという説もある。このほか、周防玖珂《くが》郡（米倉二郎）の挙例もある。

九州説では、豊後玖珠《くす》郡（新井白石）・筑前遠賀《おんが》郡洞《くき》（牧健二）などがあるが、これは「自女王国以北」の範囲に入るので、『魏志』倭人伝の記述にそぐわなくなるとの説もある。しかし、「自女王国以北」でも、前記の奴国など三ヵ国以外であれば一向に差支えないはずである。なお、御笠郡（筑紫）との説もある。畿内説では、都支国を但馬二方《ふたかた》郡都伎郷・美濃土岐《とき》郡土岐郷（佐伯有清）も挙例とする。※「とし」国。×〈不明〉。

弥奴国　「ミヌ」と訓み、九州説では肥前三根《みね》郡（新井白石・橋本増吉・牧健二）にあてるが、これは神埼郡三根郷を併せて考えるべきである。『肥前国風土記』は、「昔者、此郡と神埼郡を合せて一郡となす、然るに海部直鳥、請ひて三根郡を分ち、即ち神埼郡三根村の儺に縁《よ》りて郡名となす」と記しており、本来、三根・神埼両郡は一体だったことがわかる。『日本書紀』雄略天皇一〇年九月条には、「筑紫嶺縣主《みねあがたぬし》泥麻《ねま》呂《ろ》」のことが記され、これが弥奴国を継承する嶺県→三根郡へと連なり、そのなかの吉野ヶ里遺跡はその中心地だったとみることに異論はないようである（もっとも、筑後三潴《みづま》郡をふくむとか、三井郡とみる説もある）。ここには古代律令官道もあり、前代まで遡りえよう。

たとえば、古代中国語音韻学の森博達氏は、「吉野ヶ里については、この地が後の嶺県に当たることから、倭人条にある『弥奴国』に比定する説がある。上古音系統の音系によって音訳されたのであれば、これは『ミナ』に近い音となる。そしてア列音はエ列音と交替しやすい。たとえば、『末盧国』は、後に『日本書紀』では『マツラ』ではなく、『メツラ（梅豆邏）』となっている。したがって、音韻の面からみて、吉野ヶ里が弥奴国であったと考えることは可能である」とした（「『三国志』時代の発音で『倭人伝』を読む」『プレジデント』二七―七）。また、邪馬台国＝畿内説の著名な文献史家、上田正昭氏も、同じ誌上で、「吉野ヶ里にあった〝クニ〟は邪馬台国が存在した時期には壊滅していたという意見もある。私はそうは考えていないが、『魏志』倭人伝に書かれている三〇国のうちの一つである可能性が高く、もしかすると、かつて新井白石が想定した弥奴国かもしれない」と述べる（「戦後『古代史』はいかなる収穫を得たか」同前）。畿内論者としては、重大な見解である。一般に畿内説では美濃国（内藤虎次郎）・備前御野（米倉二郎）をあてる。※「みぬ」国。〇肥前三根郡。

好古都国　「ココツ」と訓み、九州説では肥後菊池郡（橋本増吉・牧健二）、畿内説では美濃各務《かがみ》郡・方県郡（内藤虎次郎）・備前和気郡香止《かかし》郷（米倉二郎）をあてる。もっとも、九州説の肥後菊池郡説は不適。「ヲカタ」と訓んで、筑前遠賀郡の「竺紫の岡田の宮」(『古事記』)、畿内説の山城相楽《さがら》郡木津町「岡田の国神の社」(『山城国風土記逸文』)とする説もある。※「こうこと」国。×〈不明〉。

不呼国　「フコ」と訓み、九州説では肥前島原半島北岸の伊福村(橋本増吉・牧健二)、筑後浮葉郡説もある。畿内説では美濃池田郡伊福郷・同不破郡(内藤虎次郎)・備前邑久《おおく》郷(米倉二郎)をあてる。※「ふこ」国。×〈不明〉。

姐奴国　かつては「姐奴」とみて「タヌ」と訓み、九州説では筑後竹野郡(新井白石・橋本増吉)、畿内説では伊予国周敷《すふ》郡田野郷(本居宣長)・近江高島郡角野郷(内藤虎次郎)・周防都濃《つの》郡(山田孝雄・米倉二郎)などがあてられたが、「姐奴」とみて「シャヌ」と訓み、九州説では日向諸方《もろかた》郡狭野・肥後山本郡佐野郷(牧健二)などがあてられる。※「しゃぬ」国。×〈不明〉。

対蘇国　「トソ」「ツソ」と訓み、九州説では肥前養父《やぶ》郡鳥栖郷(新井白石・牧健二)・肥後阿蘇郡(橋本増吉)、畿内説では土佐国(本居宣長・山田孝雄・志田不動麿・米倉二郎)・近江伊香《いか》郡遂佐郷(内藤虎次郎)などをあてる。※「ついそ」国。

○肥前養父郡鳥栖郷。

蘇奴国　「ソヌ」「スヌ」と訓み、九州説では肥前彼杵《そのぎ》郡（新井白石・牧健二）・肥後山本郡佐野郷（橋本増吉・牧健二）、畿内説では伊勢多気郡佐奈県（内藤虎次郎）・遠江佐野郡（山田孝雄）・讃岐国（米倉二郎）などをあてる。肥前佐嘉《さが》郡説もありうる。※「そぬ」国。△肥前彼杵郡か。

呼邑国　「コユ」と訓み、九州説では日向児湯郡（牧健二）・肥後飽田《あきた》郡川内郷（橋本増吉）などをあてるが、畿内説では伊勢多気郡麻績郷（内藤虎次郎）・伊予桑村郡（米倉二郎）があてられている。なお、「ワギ」と訓み、肥前小城郡説もある。※「こおう」国。日向児湯郡は、投馬国の領域に抵触し不適。×〈不明〉。

華奴蘇奴国　「カヌソヌ」と訓み、九州説では肥前神埼《かんざき》郡（橋本増吉・牧健二）にあて、有力。畿内説では遠江磐田《いわた》郡鹿苑神社付近（内藤虎次郎）・武蔵児玉郡金鑽神社付近（山田孝雄）・伊予神野（新居）郡伊曾乃神（米倉二郎）などにあてる。なお、近江・播磨にも「神埼郡」名がある。※「かぬそぬ」国。○肥前神埼郡。

鬼国　「キ」と訓み、九州説では肥前基肄《きい》郡（新井白石）・肥前小城《おぎ》郡（牧健二）などのほか、肥前彼杵《そのぎ》郡説もある。畿内説では肥前基肄郡（本居宣長）・尾張丹羽《にわ》郡大桑郷・美濃山県《やまがた》郡大桑郷（内藤虎次郎）・紀伊国（山田孝雄）・安芸国（米倉二郎）などがある。※「き」国。△肥前基肄郡か。

為　吾　国　「イゴ」と訓み、九州説では筑前遠賀《おんが》郡（新井白石）・筑後生葉《いくは》郡（橋本増吉・牧健二）があるが、後者が有力。畿内説では筑後生葉郡（本居宣長）・三河額田《ぬかた》郡伊賀郷（内藤虎次郎・山田孝雄）・尾張智多郡番賀郷（内藤虎次郎）・伊賀国（小中村義象・志田不動麿）・播磨餝磨《しかま》郡英賀郷（米倉二郎）など、多岐にわたる。※「いご」国。△筑後生葉郡か。

鬼　奴　国　「キヌ」と訓み、九州説では肥後菊池郡城野郷（橋本増吉・牧健二）、畿内説では伊勢桑名郡桑名郷（内藤虎次郎）・播磨苅田郡柞田郷（米倉二郎）などをあてる。※「きぬ」国。×〈不明〉。

邪　馬　国　「ヤマ」「ヤメ」と訓むと思われ、一般には後者をとり、九州説では筑後上《かみ》陽咩《つやめ》郡（上妻郡・下妻郡）の八女国（後の八女県）と推定して、九州説では筑後八女郡（新井白石・橋本増吉・牧健二）・豊後海部《あまべ》郡（新井白石）、畿内説では豊後下毛《しもげ》郡山国郷か八女国（本居宣長）・伊勢員弁《いなべ》郡野摩郷（内藤虎次郎）・播磨赤穂郡山野里（米倉二郎）などをあてる。筑後八女郡説は、邪馬台国の領域との関係で矛盾をきたす。※「やま」国。△豊後下毛郡山国郷か。

躬臣国　「クシ」と訓み、九州説では肥後合志《こうし》郡→同菊池郡（新井白石）・肥前佐嘉郡巨勢郷（橋本増吉）・豊後玖珠《くす》郡（牧健二）。なお、筑前席田《むしろだ》郡久爾駅の地名に求める説もある。畿内説では伊勢多気郡櫛田（内藤虎次郎）・越国（小中村義象・志田不動麿）・播磨櫛淵《くしぶち》（米倉二郎）などをあてる。※「くじん」国。△豊後玖珠郡か。

巴利国　「ハリ」と訓み、九州説では肥後阿蘇郡波良郷（新井白石・橋本増吉）・肥後託摩郡波良郷（牧健二）、畿内説では尾張国（内藤虎次郎）・播磨国（内藤・志田不動麿・米倉二郎）などをあてる。阿蘇郡波良郷説は、地理的位置では良好。※「はり」国。○阿蘇郡波良郷。

支惟国　「キイ」と訓み、九州説では豊前築城《ついき》郡（新井白石）・肥前基肄郡（橋本増吉・牧健二）、畿内説では吉備国（内藤虎次郎・山田孝雄・米倉二郎）・紀伊国（志田不動麿）などをあてる。※「しゆい」国。×〈不明〉。あるいは△肥前基肄郡か。

烏奴国　「ウヌ」と訓み、九州説では豊後大野郡（新井白石・牧健二）・肥後宇土郡（新井・菅政友）・筑前御笠郡大野郷（橋本増吉・牧健二）など、畿内説では周防吉敷《よしき》郡宇努郷（本居宣長）・備後安那《やすな》郡（内藤虎二郎・米倉二郎）・近江小野郷（?）か越後魚沼郡（山田孝雄）などをあてる。※「うぬ」国。△肥後宇土郡か。

奴国

「ヌ」と訓み、先出の㋑「奴国」の重出か、㋺同名の別国か、㋩「□奴国」の誤脱字か、の三様に考えられる。㋑の場合、九州説では筑前那珂郡（新井白石ほか）・儺（三宅米吉）などで、㋺の場合、九州説では肥後八代郡大野村（牧健二）、畿内説では出羽渟代《ぬしろ》（小中村義象）・信濃伊那郡（山田孝雄）などがあてられている。

右の場合、㋑の重出とすれば、その説明を一応必要とするが、少しむつかしい。㋺の別国とすれば、女王統轄下の連合国家に同名の二国がある不自然さはまぬがれないが、地理的には肥後八代郡大野村説は魅力的。㋩のように奴国の上に別字がつくと仮定すれば、弥奴国など六ヵ国にその例があるが、女王の統轄下の連合国家は「狗邪韓国」以下、最後の「□奴国」まで三〇ヵ国となり、数的には妥当である。しかし水野祐氏は、倭人の国全体のうち魏に朝貢した三〇ヵ国は、女王国以外の倭の国々のうち狗奴国なども朝貢しているので、女王の連合国家の朝貢は二九ヵ国以下でなければならず、したがって、この「奴国」は陳寿『魏志』倭人伝の述作後、別人による挿入とみる（同『評釈・魏志倭人伝』）。これに対しては、「奴国」の後に「此れ女王の境界の尽くる所なり」「其の南には狗奴国有り」との記事がつづくので、「奴国」は女王国の境界内、狗奴国は境界外であるとして否定する見解もある（佐伯有清『魏志倭人伝を読む』上）。このことから、㋑がやや妥当なようにも思われる。△奴国（重出）か。

決めがたい「旁国」

　以上のように、女王卑弥呼が都とする邪馬台国を中心とした連合国家のうち、「旁国」の地理的位置づけは、九州・畿内説の各論者の視点とも関連して、容易に決めがたい側面がある。それは『魏志』倭人伝が記す各国名を、その音韻から現在地に比定しようとするためで、その判断の幅はきわめて大きく、簡単には結論づけられぬからである。しかし、両説の各論者の比定地については、個性的ながらも当然、各自の体系性を内包するはずであるから、個別具体的に検証すれば当否はおおむね判明する（もっとも、吉田東伍氏の場合、邪馬台国を大隅囎唹《そお》郡姫城に措定し、これを中心とする「旁国」の比定がおこなわれて、それ相応の体系的論理性が認められる。しかし、この邪馬台国＝大隅国説には大きな疑義があり、ここでは「旁国」の比定地挙例を省略した）。

　このように「旁国」名の場所比定をこころみると、そこには音韻上の変移もあり、なお不明確なものが多く完璧は期せぬにしても、「旁国」名の多くが九州地域に集中する傾向性は否定しがたい。畿内説では、内藤虎次郎氏の地理的配置を考慮した「旁国」比定にみるべきものがあるが、ほかのそれは地理的配置よりも音韻を重視したアトランダムな措定が多く、その説得性を著しく弱めている。しかも、この内藤説においても、狗奴国の中心を肥後菊池郡城野郷に措定するなど、畿内説としては意想外なものとなっている。

女王卑弥呼の都とする邪馬台国、その「旁国」のうち斯馬国以下の数ヵ国が九州の地に比定された場合、その中心の邪馬台国の位置を九州に求める見解（九州説）は、歴史地理学的にみても揺るぎないものとなる。そこで、右の挙例により一般的傾向がほぼ判明するので、私は魏使がむかう邪馬台国の卑弥呼の「居処」へたどりつく手がかりが得られたものとして、最初の推定コースを進むことにした。そこは島原湾・有明海沿岸（肥後・筑後・肥前）の大河川（緑川・白川・菊池川・矢部川・筑後川）流域の平野部ないし台地上のいずれかで、しかも「旁国」の所在地と抵触せぬ場所でなければならない。それは、さらに「此女王境界所」尽」のその南、狗奴国をも確認した上でのことになる。

狗奴国

狗奴国の所在地

かつて、邪馬台国《やまたいこく》を畿内大和国とみた新井白石《あらいはくせき》は、それでも狗奴《くぬ》国を熊県《くまのあがた》（肥後球磨《くま》郡）に比定し、『魏志《ぎし》』倭人伝《わじんでん》に正始八年（二四七）の狗奴国男王「卑弥弓呼素」を熊襲《くまそ》の首長とみたが、その後、九州説の白鳥庫吉《しらとりくらきち》氏は狗奴国を熊襲国とし、牧健二・坂本太郎両氏とも同説である。熊県は後の肥後熊県、熊曾国の曾（襲）は襲国で、大隅噌唹《そお》郡にあたる。これに対し、畿内説の本居宣長は伊予風早郡河野郷に比定、小中村義象・三宅米吉両氏は東国の毛野国、志田不動麿氏は紀伊半島の熊野とみている。また、九州説の藤間生大氏も、『後漢書』の記事から、狗奴国を北九州から東方一〇〇〇里へ渡海した畿内のいずれかの地域としたが、一〇〇〇里では畿内におよばない。逆に、畿内説の内藤虎次郎氏は、肥前菊池郡城野郷としており、九州説・畿内説とも狗奴国を熊襲とみる説は存在する。まず、『魏志』倭人伝の関連記事を示すと、次のとおりである。

其南有㆓狗奴国㆒。男子為㆑王。其官有㆓狗古智卑狗㆒。不㆑属㆓女王㆒。自㆑郡至㆓女王国㆒萬二千餘里。男子無㆓大小㆒皆黥面文身。自㆑古以来。其使詣㆓中国㆒皆自㆓稱大夫㆒。夏后少康之子。封㆑於㆓會稽㆒。断髪文身。以避㆓蛟龍之害㆒。今倭水人好沈没。捕㆓魚蛤㆒。文身亦以厭㆓大魚水禽㆒。後稍以為㆑飾。諸国文身各異。或左或右。或大或小。尊卑有㆑差。計㆓其道里㆒。当㆑在㆓會稽東治（冶）之東㆒。

ここでは、女王国の境界の南には狗奴国があり、男子を王とし、これに属する官司には狗古智卑狗があるが、女王には服属しない。帯方《たいほう》郡（『魏略』）から女王国までは一万二〇〇〇余里である。男性は身分上下をとわず、みな顔面や身体に入れ墨をしている。古来、倭人の使者（ここでは狗奴国の朝貢使）は中国にいたったとき、みな大夫（大臣）と自称する。夏王（六代目）少康の子（庶子）が会稽に封ぜられ、断髪し、体に入れ墨をして鱗のある蛟龍の害を避けた。また、身体への入れ墨は、大魚・水禽（水鳥）が嫌って襲われることもない。その入れ墨も、後には（呪術的なものから）身体の装飾とするようになった。

しかし、諸国の入れ墨はそれぞれ相異なっていて、その場所も左右・大小と差があり、それがまた階級的な尊卑の差を示すものとなっている。狗奴国までの道里を計ると、会稽《かいけい》郡のなかの東冶《とうや》県（現在の福建省閩侯《びんこう》県付近）の東（東北）、海を隔てた地点に同国がある、というのである。

右の叙述により、狗奴国は、女王国の南の境界に接して存在し、男子の王が世襲していたことになる。男王の名は卑弥弓呼《ひみきこ》なので、女王卑弥呼とは類似の名称、あたかも姉弟ないしは同族関係を示唆するかのようで、邪馬台国と狗奴国との抗争の性格をもうかがわせる。帯方郡から女王国までの距離が一万二〇〇〇余里だということは、前述した倭の各国間の距離を集計した数値との関連で九州説の論拠の一つでもあり、狗奴国はその南方となる。狗奴国の使者が中国の魏朝に朝貢したことは、女王国連合以外の倭の諸国のうちでも、中国の冊封体制に包摂されていたことの反映でもあるが、その場合、狗奴国の官司名、狗《く》古智卑狗《こちひく》の記載は、朝貢使者の人名が官司名として誤入されたとみることもできる。もっとも、それが「菊池彦」、ひいては狗奴国の肥後菊池郡城野郷説と結びつけるのは、なお早計かと思われる。「黥面文身《げいめんぶんしん》」の記述は、弥生～縄文時代における倭人の一般的風俗の一つで、狗奴国や女王国において多少の形態の差はあるが、共通していたことがわかる。

後年の阿曇《あずみ》部・海部・鳥養部《とりかいべ》などの人びとは、依然として入れ墨をしていた。

なお、倭のうち狗奴国が「会稽東冶の東」に在るとの記述は、倭地が中国の東海上に位置する、すなわち日本列島が実際よりもはるかに南方にずれている、と当時の中国人に認識されていたことになる。これは『魏志』倭人伝の信憑性にもかかわり、邪馬台国＝九州説などにとっても不利な叙述であるが、必ずしも難しい問題ではない。『魏志』の記述内容は、先に述べたような若干の錯誤はあるが、まさに首尾一貫、かなりの正確性を基本としている。その方位「東」も、魏使が末盧《まつろ》・伊都《いと》国に入ったときと同じく、夏の太陽の昇降を基礎とする方位で、現代の春秋のそれとは四五度の差異がある。これを是正すれば「東」は「東北」となり、東冶県の東北方に定規をあてると九州の中央部付近を突きさして、寸分の狂いをみないのである。これによって、従来の諸論議は一挙に解消する。そして、朝鮮半島経由であろうと、東シナ海経由の直線コースであろうとも、邪馬台国と狗奴国とは九州本島の地から一歩も出ないことになる。

狗奴国の風俗

『魏志』倭人伝の記事によって、狗奴国における民衆生活の状況を、もう少しみてみたいと思う。

其風俗不㆑淫。男子皆露紒。以㆓木緜㆒招㆑頭。其衣横幅。但結束相連。略無㆑縫。婦人被髪屈紒。作レ衣如二単被一。穿二其中央一。貫頭衣レ之。種二禾稲紵麻一。蠶（蚕）桑緝績。出二細紵縑緜一。其地無二牛馬虎豹羊鵲一。兵用二矛楯木弓一。木弓短レ下長レ上。竹箭或鐵鏃或骨鏃。所二有無一與二儋耳朱崖一同。

ここでは、その（狗奴国の）風俗は乱れていない。男子はみな結髪をし、木綿を頭に巻きつけている。衣服は横幅の布帛で、ただ体に束ねつなぎ、ほとんど縫うことはしない。婦人は髪を梳らず、まるめて結う。衣服は単衣《ひとえ》のようにつくり、その中央を穿《うが》って頭を貫通して着る。稲苗や紵《ちょ》（いちび）・麻を植え、桑で蚕を飼って糸を紡《つむ》ぎ、細かに織った麻布や緻密な絹布を産出する。その地には牛・馬・虎・豹・羊・鵲《かささぎ》などはいない。兵器は矛・楯・木弓を使い、木弓の形は下に短く上に長くて、竹の矢に鉄の鏃、骨の鏃を用いる。その狗奴国に関する諸知見を補った内容では、儋耳《たんじ》・朱崖《しゅがい》の両郡（広東省海南島平野部の東・西）のそれに類似している、というのである。

右の叙述によって狗奴国の風俗・物産・用具等の状況がある程度明らかで、これは女王卑弥呼の連合国家にも共通しようが、特に注目されるのは牛馬などが一般に存在せず、縄文文化を色濃くにじませながらも、他方では武器のうち弓矢の鉄鏃などがある点である。

前者については、邪馬台国の時代が騎馬民族渡来説のいう時代に先行しているから当然であろう。後者についても、鉄鏃が畿内諸国に一部入っていたとしても文字に示される点からして、九州内の女王連合国や狗奴国などのそれが質量とも圧倒的だったことを示唆している。

肥後南部の遺跡と遺物

ここでは、邪馬台国《やまたいこく》に入る前に、まず狗奴国《くぬこく》推定地への道から瞥見しておきたい。

狗奴国への道

狗奴国と推定される肥後南部、すなわち八代海（不知火海《しらぬい》）東部へのルートはどうか。島原湾から八代海に入るには、㋑天草下島・同上島間の海峡、すなわち本渡《ほんど》経由をとるか、㋺天草上島と大矢野島の間、大戸ノ瀬戸を通るか、㋩大矢野島と宇土半島間の三角《みすみ》瀬戸―蔵々《ぞうぞう》瀬戸（またはモタレノ瀬戸）を経由するか、のいずれかであるが、㋑はともかく、㋺㋩は球磨《くま》川最下端の八代市へと直通する。八代市域は球磨川下流域で、水陸交通の要衝であるが、女王国・狗奴国いずれの領域に多く包摂されていたのであろうか。同市域の縄文・弥生遺跡や古墳の分布からさぐってみよう。

八代市域

八代市の岡町谷川には、妙見・谷川・門前・清水の各古墳群（計一四基）や長塚古墳が集中する。門前一号墳（前方後円墳）は青銅鏡三枚・勾玉・剣などを出土し、熊本市の千金甲古墳と共通する。清水一号墳は鉄鏃《てつぞく》・飾り金具・轡《くつわ》などを出土する。岡町小路・同中の各四ヵ所にも古墳群が集中（計二二基）、川田町東では弥生遺跡のほか、車塚古墳（前方後円墳、周濠）や川上・岡塚両古墳群（計五基）、そして川田町西では縄文・弥生遺跡と西川田古墳群（円墳、三基）がある。東片町には弥生遺跡と古墳群（円墳、四基）、上片町には鬼の岩屋古墳群（五基）のほか、八代大塚古墳（長六〇メートル、前方後円墳）・茶臼山古墳（長五一メートル、円墳）・高取上の山古墳（長七七メートル、前方後円墳、鉄鏃・馬具など）・長塚古墳（前方後円墳）など、比較的大型古墳が多い。西片町の縄文・弥生遺跡（五ヵ所）のうちには、熊本市の黒髪式・野辺田式土器を出土するものがある。

同市長田町の三遺跡は古墳、上日置町の分は弥生遺跡と古墳、井上町の三遺跡は縄文・弥生遺跡と古墳で、うち弥生土器は黒髪・野辺田・免田式。竹原町には弥生遺跡（野辺田式）と前方後円墳（一基）・竹原町古墳群（円墳、一〇基）、西宮町では階下古墳群（円墳、一二基）などがあり、奈良木の古墳群（一〇基）、豊原下町の下堀切遺跡は弥生時代の免田式土器・木製品二〇〇点以上を出土している。宮地町の荒神塚遺跡は黒髪式土器、乙丸古墳群は前方後円墳と円墳（九基）からなる。妙見町には縄文遺跡（二ヵ所）と古墳、古麓町は三ヵ所に古墳（円墳）があり、平山新町では古墳から剣・冑・玉類を出土する。この地は熊本平野の黒髪・野辺田式土器、球磨盆地の免田式土器が入り混じって出土し、両文化圏の交錯地、両勢力圏の緩衝地帯の観を呈する。

これより若干南下した二見川沿いの日奈久《ひなぐ》あたりまでは、どうか。まず、八代の敷川内町には、縄文遺跡や五反田古墳（装飾の円墳、青銅鏡を出土）や、丸山古墳群（三基）・同窯跡などがある。日奈久馬越町には川小田古墳（青銅鏡出土）や鳩山古墳（円墳）、同新田町には縄文遺跡や田川内古墳群（円墳、三基）・山の神古墳群（二基）など。また、同大坪町の長迫古墳・塩釜山古墳群（円墳、四基）は円文・二重同心文などの装飾古墳で、金薄板・青銅鏡などを出土する。同竹内町の竹ノ内古墳は鬼の岩屋式古墳の南限である。野田崎町・二見下大野町（各二ヵ所）と二見本町には縄文遺跡がある。弥生遺跡を欠くが、八代市域のそれとの共通性も看取される。

球磨川流域と盆地

ここでは、八代海をさらに南下するのをやめ、狗奴国の中心部分ともみられる球磨川流域の盆地からみてみる。球磨川は、球磨郡水上村江代の水上越山中に発し、その右岸の渓谷から湧出した支流の水を集めて、水上村湯山（左岸）・岩野（右岸）に流れ、左岸から湯山川を合流する。そして、その右岸から小川内川を、左岸から牧良川を集め、多良木《たらぎ》町を貫流して、両岸から各支流の水を集めながら、右岸の須恵村（阿蘇川）・岡原村（田頭川・銅山川）・相良村（野間川・川辺川）と、左岸の免田町（免田川）・錦町（水無川・大谷川）を過ぎて、人吉市域に入る。

右の湯山川沿いの水上村江代には縄文遺跡（三ヵ所）、同湯山には縄文・弥生遺跡のほか千人塚古墳群（円墳、七四基）があり、金環・直刀・馬具類と鉄器多数を出土する。小川内川沿いの水上村岩野には縄文・弥生遺跡（三ヵ所）と岩野・里坊・七ツ穴横穴群など二十数基を数え、諏訪原古墳群（円墳、三基）は金環・鉄剣・武具類を伴出する。牧良川沿いの湯前町の米山遺跡は縄文・弥生時代、特に後者の免田式土器などを出土し、野中田には縄文遺跡、古城には縄文・弥生遺跡、東方には縄文遺跡（二ヵ所）と古墳、田上には旧石器・縄文遺跡がある。浅鹿野には縄文・弥生遺跡（三ヵ所）と古墳（墳丘、四基）、下里には弥生遺跡、瀬戸口には縄文遺跡と古墳、そして高沖にも古墳があり、土師器などを出土する。

多良木町の多良木では、新山遺跡から縄文時代の十字形石器・勾玉を出土し、大久保台地遺跡群から朝鮮渡来とみられる有柄二段式石剣のほか、地下式板石積石の支石墓（三基以上）や免田式土器を出土し、大久保夫婦塚（円墳、一基）もある。また、里城遺跡（三ヵ所）などが旧石器・縄文遺物を出し、赤坂古墳（円墳、二基）は半地下式石室となっている。同町の久米には縄文遺跡と古墳、黒肥地には縄文・弥生遺跡（各二ヵ所）のほか、獺野原など四横穴墓群、そして金環・鉄鏃・細形銅剣などを伴出する大椎野古墳もある。

阿蘇川沿いの須恵村では、浜の上・阿蘇・諏訪原・馬場・小春・上手・石坂などに平均二ヵ所の縄文・弥生遺跡が集中し、一部は横穴墓群がこれに加わる。その弥生土器は免田式のほか、一部黒髪式の分も加わる。井口川沿いの岡原村の宮原・福留には縄文・弥生遺跡と高塚古墳があり、免田町吉井には縄文遺跡・古墳（円墳・巨石墳）がある。久鹿は弥生遺跡が中心となっている。

免田川は、宮崎県小林市の西北にある白髪岳《しらかみがだけ》などの北麓を源流とし、上村の皆越から同村上へと流れて球磨川本流に合するが、皆越では旧石器・縄文・弥生・古墳などが揃い、後者から古鏡を出土する。上には、縄文三遺跡と弥生遺跡がある。免田町の八幡では縄文・弥生時代の市房隠遺跡に支石墓（八基）と小型箱式石棺（八基以上）、それに黒髪式・免田式土器を出土する。黒田には旧石器・縄文遺跡があり、免田では弥生甕棺を出土している。永才では、縄文遺跡に加え、才園古墳群（円墳、四基、横穴式石室）から金銅製の馬具類、鉄鈴・碧玉《へきぎょく》・管玉《くだたま》・金環のほか、青銅鏡（鍍金画文帯求心式獣帯鏡）などを出土している。下乙には、縄文・弥生・古墳の各遺跡があり、このうち本目遺跡は弥生時代の免田式土器（もと重弧文土器と呼称）の標式遺跡とみなされ、木棺墓（三基）・土壙墓（十数基以上）、それに祭祀土器一式をふくむ。ゲンガヤシキ遺跡は、地下式板石積石室墳（二基以上）と免田式土器を出土するが、下乙古墳とともに消滅した。深田村の新深田遺跡も地下式板石積石室墳（九基以上）、高山・下里には旧石器・縄文遺跡、永峯・荒茂などには横穴墓、前平・草津山・鷺巣には縄文遺跡がある。

図26　免田式土器

水無川沿いの錦町の平良にある松木園遺跡では免田式・安国寺式土器が共伴出土し、木上の弥生時代の安前・夏目両遺跡、その後者から内行花文鏡などの青銅鏡（二枚）が出土した。四塚など四横穴墓群と、平岩遺跡などから地下式板石積石室墳（八基以上）、鉄鏃・免田式土器などを出土する。

一武では、覚井など五遺跡が縄文・祭祀遺跡などで、ほかにも土師器多量をふくむ土器遺跡もある。小欐川沿いでは、人吉市の大畑町・上田代町・下田代町・蟹作にある一一遺跡が縄文土器を、わずかに上田代大原遺跡だけが弥生式土器を出土する。錦町西では、旧石器・縄文遺跡（五ヵ所）と亀塚古墳群（前方後円墳・円墳各二基）・京が峰横穴墓群（三基、うち一基が装飾墓）である。

川辺川沿いの五木村の頭地遺跡は縄文住居跡など、小鶴などには弥生遺跡と古墳（三ヵ所）、相良村の四浦には小野遺跡以下、縄文・弥生遺跡（八ヵ所）がある。深水には、旧石器・弥生遺跡（各一ヵ所）、縄文遺跡（五ヵ所）と石坂鍋野古墳群（装飾円墳、八基）、瀬戸山古墳群（円墳?・六基）が集中し、川辺・野原堂迫に縄文遺跡（三ヵ所）をみる。相良村の柳瀬には、旧石器・弥生遺跡（各一ヵ所）、縄文遺跡（三ヵ所）と吉野尾古墳群（もと数十基）と木小原・三石・陣内の各横穴墓群（計一三基）があり、後者には円文などを彩色したものがある。

球磨川は、川辺川との合流点から人吉市域に入り、右岸（願正寺）から山田・万江川など六支流を、左岸から鳩胸川・胸川・鹿目川など五支流を併せて球磨村に入り、渓谷を蛇行しながら北流・西流して、八代市で八代海に注ぐ。

人吉市の願成寺には、旧石器遺跡（二ヵ所）・縄文遺跡（六ヵ所）・弥生遺跡（二ヵ所）のほか、古墳（円墳）がある。山田川沿いの山江村山田には、旧石器・縄文時代の狸谷遺跡など二十数遺跡にのぼるが、弥生時代のそれは城下・合戦峯A～B遺跡（三ヵ所）にすぎず、湯の原・油免・東浦・別府の各古墳群が目立つ。弥生遺跡として竪穴住居跡の集落、免田式土器が出土する。鬼木には、旧石器・縄文・弥生・古墳など各遺跡があった。

山江川沿いの山江村万江は縄文遺跡（三ヵ所）、人吉市の上原田では縄文遺跡（一〇ヵ所）と弥生・古墳の牛塚遺跡、下原田でも縄文遺跡（一〇ヵ所）のほか、アンモン山遺跡が縄文遺跡と古墳、荒毛遺跡に弥生遺跡と古墳がみられる。荒毛遺跡は免田式土器、地下式板石積石室墳（七基）で、鉄鏃・長鉄剣・勾玉《まがたま》を出土する。もっとも、地中レーダー探査では約一五〇基の埋蔵数が推定されている。瓦屋・合ノ原・城本には、縄文遺跡（計六ヵ所）があり、集落跡もみられるが、ほかに城本には旧石器遺跡や大村横穴墓群（二九基、うち六基は装飾墓）がある。下城下・上林にも縄文遺跡（各一ヵ所）、球磨川と万江川の合流点の中神には、縄文遺跡（一三ヵ所）と弥生遺跡、それに大木中原横穴墓群（二二基）と八久保横穴墓群（四基）がある。そのなかで注目すべきは、縄文時代の中堂遺跡で、東西二四〇メートル・南北六〇メートルにわたる集落跡は、竪穴式住居（六三軒）・屋外炉跡（一五基）・

埋甕《うめがめ》（三八基）・土壙（二〇基）などから構成される。

鳩胸川沿いの人吉市矢岳には、旧石器・縄文遺跡がある。同じく上漆田町・下漆田町・東漆田町はすべて縄文遺跡（六ヵ所）、赤池水無では旧石器（二ヵ所）・縄文（五ヵ所）・古墳（二基）の各遺跡となる。赤池原でも古墳を除き、残りは縄文遺跡（四ヵ所）である。

胸川沿いの人吉市田野町・西大塚町・東大塚町では、旧石器遺跡以外はすべて縄文遺跡（一三ヵ所）で、木地屋町では鳴石A～B遺跡が旧石器・縄文土器を出土し、西間上町・西間下町・東間上町のそれはすべて縄文遺跡（七ヵ所）である。七地でも、天道ヶ尾遺跡が旧石器・縄文遺跡、そして古墳は天道ヶ尾横穴群（四基）で、ほかはすべて縄文遺跡（五ヵ所）となる。

鹿目川沿いの人吉市鹿目には、縄文遺跡（五ヵ所）が集中、上戸越では旧石器・縄文遺跡（三ヵ所）、上永野では旧石器・縄文遺跡（二ヵ所）以外は縄文遺跡（五ヵ所）がある。下永野も縄文遺跡（七ヵ所）と弥生遺跡・古墳（各一ヵ所）、下戸越では旧石器遺跡と旧石器・縄文遺跡（二ヵ所）のほかは縄文遺跡（五ヵ所）・唐渡《からわたり》神横穴墓群（二ヵ所・四基）など。なお、球磨村の神瀬には、大瀬洞穴・高沢鐘乳洞の両縄文遺跡が、一勝地では旧石器遺跡、三ヶ浦・近江原では縄文遺跡（各一ヵ所）がある。

球磨盆地の交通体系

このように球磨盆地は、九州北・中部の弥生遺跡とは対照的に縄文遺跡が多く残り、依然として縄文文化を基調としながらも、新しい文化に対応・摂取しはじめていたことが見てとれるのである。それを促進するのは、両地域を結ぶ交通体系の交接でなければならない。しかし、たとえば、球磨盆地と八代間をつなぐ球磨川は、急峻な渓谷の間をくだる関係上、古代～中世を通じて主要な河川交通路としては未開拓の状態がつづき、両者の緊密な政治的・文化的交流は阻害される傾向にあった。その障害の除去は、きわめて遅れて、近世前期における球磨川の開鑿成功まで待たねばならない。したがって、それ以前、球磨川下流域はあまり舟運は利用されず、芦北《あしきた》町佐敷～人吉間の陸路を利用することが多く、中世には盆地の中心地人吉、八代海の佐敷・八代の各城は三角形の各頂点を結ぶ線上で軍事・政治的な拮抗を繰り返した。人吉城からすれば、南の薩摩へは大口筋、東の日向へは多良木・米良《めら》経由での陸路を利用するルートもあった。この球磨盆地の交通体系は、古代以前にも遡及し、日向・大隅方面と結ぶメーン・ルートを想定することができる。

八代海沿岸の八代市域における縄文以降の遺跡・遺物によるかぎり、同地域と球磨盆地との政治・文化的交流の姿は顕著とはいえず、緩衝地帯的な要素を越えるものではなかった。一方、芦北郡田浦《たのうら》町以南ではどうか。

八代（不知火）海の沿岸地域

この地より水俣市域にかけては、東部の山地がせまるリアス式海岸沿いに遺跡が散布する。まず、田浦町の丸山・海浦には、朱塗りの箱式石室積の横穴式石室の鬼塚・セベット両遺跡がある。芦北町の大野には縄文遺跡（二ヵ所）、宮浦古墳群（数十基）が、古石には縄文遺跡があり管玉を出土する。津奈木《つなぎ》町津奈木には縄文貝塚と久木古墳群がある。京都大学文学部博物館蔵の芦北郡内の古墳より出土した青銅鏡（二枚）は三角神獣鏡で、径二二・七チセンと一〇・五チセンを測る。

水俣川沿いの水俣市越小場にある無田《むた》遺跡群以下は、出水《いずみ》式土器を伴う縄文遺跡（一二ヵ所）で、日当野遺跡では弥生土器をも出土する。薩摩出水方面との密接な関係を示している。同市葛渡の縄文遺跡（四ヵ所）では、弥生土器を伴うものもある。石坂川の旧石器・縄文時代の石飛遺跡も出水市上場遺跡との関連性が指摘されているが、ほかは縄文遺跡（二ヵ所）である。久木野川沿いの水俣市大川には縄文遺跡（三ヵ所）、久木野には石鏃一五〇以上を出す縄文遺跡、市渡瀬では縄文遺跡（二ヵ所）と弥生遺跡、宝川内には縄文遺跡（四ヵ所、出水式）、薄原管原・同上場には縄文・弥生遺跡がある。
湯出川沿いには、水俣市の深川に縄文遺跡、湯出に旧石器・縄文遺跡（三ヵ所）と縄文遺跡（二ヵ所）、木臼野に縄文・弥生遺跡、長崎に旧石器遺跡と縄文遺跡（五ヵ所）・弥生遺跡（三ヵ所）・古墳（一基）がある。南福寺には縄文・弥生遺跡（各一ヵ所）・古墳（三ヵ所、円墳三基）がある。陣内には縄文・弥生遺跡（各一ヵ所）と古墳（一基）があるが、弥生土器は黒髪式である。初野には弥生貝塚（免田式土器）と地下式板石積石室墳（一三基）など二古墳群、江添には縄文・弥生遺跡（二ヵ所、免田式土器など）、古城には古墳、小津奈木と袋（三ヵ所）に縄文遺跡があり、土器多数を出土する。

　これによると、八代市域の先、芦北郡田浦町から水俣市域までは、球磨盆地の縄文時代以降の遺跡・遺物とはかなりの共通性があり、これは薩摩出水《いずみ》郡とも相通ずる面がある。薩摩との関係は、縄文中期の出水式土器が八代海岸の地域に入り、他方、球磨盆地の弥生期の免田式土器が薩摩でも出土することから推察される。年代はくだるが、『和名類聚《わみょうるいじゅ》抄《しょう》』にみる薩摩出水郡は、もともと肥後の一部が薩摩国の成立時に同国に編入されたもので、『薩摩国正税帳』にも出水郡司（大領）に「肥君（名欠）病」とみえる（肥君とは、八代郡肥伊郷出身の豪族で、筑前・肥前にも勢力を伸張した）。また、薩摩郡司（主帳）に「肥君廣龍」とあり、また、前書の薩摩高城《たかき》郡が合志《こうし》・飽田《あきた》・宇土《うと》・託万《たくま》（託麻）ほか二郷からなることは、これが肥後四郡からの移民によって国府が設置されたこと、すなわち肥後中・南部と薩摩との密接な関係を示唆している。

球磨盆地と肥後中・北部の文化的差異を示すとされる免田式土器は、九州全体で一五〇ヵ所のうち熊本県が九五ヵ所、県内では球磨盆地（人吉市・免田町・錦町・多良木村・相良村・須恵村など）がもっとも多く、隣接の上《かみ》・下益城《しもましき》郡（矢部町・小川町・城南町など）がこれに次ぎ、芦北郡（水俣市など）・八代郡（八代市）、天草上島（倉岳町）・熊本市・阿蘇郡（阿蘇町・白水町）・菊池郡（植木町・大津町）などが挙げられる。これは県外では、鹿児島県が大隅半島を除くほぼ全域から出土し、上《かみ》・下甑《しもこしき》島や種子島、さらに遠くは沖縄県具志川市からも出土する。このほかに九州本島では、宮崎県（大淀川流域と高千穂地方）、福岡・佐賀県下からも出土するが、その特定部分は政治支配の直接的反映というよりは、むしろ文化交流的側面を重視すべきだろう。たとえば、免田Ⅰ・Ⅱ式土器は北部九州の須玖Ⅱ式を、熊本平野・益城地方の黒髪Ⅰ式を伴い出土しており、地域文化の折衝・共存的側面をも示しているからである。これらは弥生時代の小型箱式石棺が免田Ⅰ式土器の段階、そして地下式板石積石室墓や土壙墓などが免田Ⅱ式土器の段階に照応するものとされ

図27　九州南部における高塚古墳などの分布図（奈良県立橿原考古学研究所附属博物館編『隼人』展図録，1992年による）

(『兔田町史』一)、その分布図をみるとき、大雑把ながら狗奴国の政治・文化的勢力圏やその交錯・移動もうかがわれる。

邪馬台国への最終コース——エピローグ

これまで煩雑なまでに、九州中央部の縄文・弥生遺跡や古墳などの分布状況を、主に町村の大字単位でみてきた。単なる摘要のみでは信憑性を獲ち得ないからである。これによって、これまで比較的等閑視されてきた島原湾・有明海沿岸の九州内陸部、それも大河川流域の平野・台地上の集落や水田開発、人口分布など、政治・経済や文化状況の一端を推測できる素材にはなったかと思われる。

従来、邪馬台国《やまたいこく》論争においては、一般に北部九州における密度の濃い遺跡・遺物分布、そして研究水準の高さから、ほかの中・南部九州などは狗奴国の問題などを除いては論ぜられぬ傾向にあった。しかし、たとえば『和名類聚抄《わみょうるいじゅしょう》』所載の西海道《さいかいどう》（九国・二島）の

蘇奴国	sag nag so no(ndo)	ソ・ド ショ	ソ・ヌ	ソヌ	△
呼邑国	hag ɪəp ho ɪəp	コ ・イフ カウ・アフ カ	ク・オフ ケウ カ	コオウ	×
華奴蘇奴国	fiuăg nag sag nag fiuă no(ndo) so no(ndo)	クヮ・ド・ソ・ド クヮイ・ショ・	ゲ・ヌ・ソ・ヌ ケ	カヌソ ヌ	○
鬼　国	kɪuər kɪuəi	キ	キ	キ	△
為吾国	fiɪuăr ŋag fiɪue ŋo	ヰ・ゴ ギョ ガ	ヰ・ゴ ゲ	イゴ	△
鬼奴国	kɪuər nag kɪuəi no	キ・ド	キ・ヌ	キヌ	×
邪馬国	ŋiag măg (yiă) mă	シャ・バ ヤ(ヨ)(ショ)・ボ	ジャ・メ ヤ(ヨ)(ジョ)・モ	ヤマ	△
躬臣国	kɪoŋ g'ien kɪuŋ ʒɪĕn	キュウ・シン	グ・ジン	クジン	△
巴利国	păg lɪed pă lɪi	ハ・リ	ヘ・リ	ハリ	○
支惟国	kieg diuər tʃɪĕ yuit	シ・ヰ キ・ビ	シ・ユヰ ギ・ミ ヂヤウ	シュイ	△
烏奴国	ag nag a(o) no(ndo)	ヲ・ド ア(アン)	ウ・ヌ アン(エン)	ウヌ	△
奴　国	nag no(ndo)	ド	ヌ	ヌ	△
狗奴国	kug nag kəu no(ndo)	コウ・ド	ク・ヌ	クヌ	○

（出典） ①藤堂明保『漢字語源辞典』・同編『学研漢和辞典』，②③諸橋轍次『大漢和辞典』，④森博達「『三国志』時代の発音で『倭人伝』を読む」（『プレジデント』27巻7号）による．

（注） 比定可否欄の記号は，○可・△推測・×否（不明）とする．

表6　発音別邪馬台国とその「旁国」等の比定一覧

	①上古音(周·秦·漢) 中古音(隋·唐)	②漢　音	③呉　音	④『三国志』時代の発音と比定可否	
対馬国	tuəd　măg tuəi　mă	タイ・バ ボ	テ・メ モ	ツイマ	○
一支国	iet　dad　‹kieg› iĕt　dai　‹tʃıĕ›	イツ・タイ〈シ〉 タ〈ギ〉	イチ・ダイ〈シ〉 ダ〈ギ〉〈ヂャウ〉	イチシ	○
末盧国	muat　hlag muat　lo(la)	バツ・ロ ベキ・リョ	マチ・ロ ミャク	マツロ	○
伊都国	ıĕr　tag ıi　to	イ・ト チョ	イ・ツ チョ	イト	○
奴国	nag no(ndo)	ド	ヌ	ヌ	○
不弥国	puıəg　miĕr pıuu　miĕ(mbiĕ)	ホツ・ビ フツ・ゲイ フウ(フ)(ヒ)・ベイ	ホチ・ミ ブチ・ゲイ フ(ヒ)・メイ	フミ	×
投馬国	dug　măg dəu　mă	トウ・バ(ボ)	ツ・メ(モ)	—	○
邪馬台国	ŋiăg măg iet ‹dəg› (yiă) mă　iĕt (dəi)	シャ・バ・イツ〈タイ〉 ヤ(ヨ)(ショ)ボ・イン〈コ〉	ジャ・メ・イチ〈ダイ〉 ヤ(ヨ)(ジョ)・モ・イン(グ)	ヤマタイ	△
斯馬国	sieg　măg sie　mă	シ・バ ソ・ボ	シ・メ ソ・モ	シマ	○
已百支国	diəg ‹diəg› păk kieg (yiəi) ‹yiəi› pʌk tʃıĕ	シ〈イ〉・ハク・シ バク・キ	ジ〈イ〉・ヒャク・シ ミャク・キ(チウ)	イヒャクシ	△
伊邪国	ıə̆r　ŋiăg ıI　(yiă)	イ・シャ ヤ(ヨ)(ショ)	イ・ジャ ヤ(ヨ)(ジョ)	イヤ	×
郡支国	gıuən　‹tag›　kieg gruən　‹to›　tʃıĕ	グン〈ト〉・シ 〈チョ〉・キ	グン〈ツ〉・シ 〈チョ〉・ギ	〈ト〉シ	×
弥奴国	miĕr　nag miĕ　no(ndo)	ビ・ド ゲイ(ベイ)	ミ・ヌ ゲイ(メイ)	ミヌ	○
好古都国	hôg　kag　tag hau　ko　to	カウ・コ・ト チョ	コウ・ク・ツ チョ	コウコト	×
不呼国	puıəg　hag pıuu　ho	ホツ・コ フツ・カウ フウ(フ)(ヒ)・カ	ホチ・ク ブチ・ケウ フ(ヒ)・カ	フコ	×
姐奴国	tsiag　nag tsio　no	セ・ヌ シ(ソ)	セ・ヌ シ(ソ)	シャヌ	×
対蘇国	tuəd　sag tuəi　so	タイ・ソ ショ	テ・ソ	ツイソ	○

国別の郡・郷数、本田面積や本稲・雑穀類がわかる。この郡・郷数に一定程度、人口数も対応するとみられるが、ここでは正確を期して本田面積にもとづいて主要諸国を対比すると、本田面積は肥後がそれぞれ筑前、筑後、肥前の約一・三倍、一・八倍、一・七倍、本・雑穎《ざつえい》は約二・〇倍、二・四倍、二・三倍であって、肥後がはるかに優位の数値を示している。一方、弥生時代の軍事力を象徴する鉄器生産からみても、肥後は筑前などと比肩される製産の質量を示している。

このような人口・生産力とも頭抜けた九州中央部の肥後の位置づけを、文化的後進地という評言で無視してよいのか、文化水準の高低は軍事力と照応するのか、という問題をも生み出す。たとえば、後代の『平家物語』など、「坂東武士のならい、合戦には親討たれよ、子も討たれよ、死ねば乗りこえたたかう」と、高い文化を誇る公家政権を凌駕していく、草深い田舎武士の強靭な戦闘精神と武力を描いているが、これは邪馬台国の時代にもいえるだろう。縄文文化の生活水準から完全に脱しえないながらも、球磨《くま》盆地を中心として勢力拡大をこころみる狗奴《くぬ》国が、大陸・朝鮮半島から弥生文化の先進性を身につけた女王国との対立・和平を繰り返しながら、相互の文化交流のなかから、軍事技術などを摂取、向上させ、最終的にはこれを凌駕していく結末を示唆しているからである。

表7 九州諸国の本田面積その他による対比表

国名	郡数	郷数	本田面積	正・公	本稲	雑穀類
筑前	一六	一〇二	一万八五〇〇余丁	各二〇万〇〇〇〇束	七九万〇〇六三束	三九万〇〇六三束
筑後	一〇	五四	一万二八〇〇余	各二〇万〇〇〇〇	六二万三五八二	(二)二万三五八二
肥前	一一	四五	一万三九〇〇余	各二〇万〇〇〇〇	六九万二四九九	(三)九万二五八九
肥後	一八	九八	二万三五〇〇余	各三〇万〇〇〇〇	一五七万九一一八	七七万九一一八
豊前	八	四三	一万三二〇〇余	各二〇万〇〇〇〇	六〇万九八二八	二〇万九八二八
豊後	八	四七	七五〇〇余	各二〇万〇〇〇〇	七五万三八四二	二五万三五四二
日向	四	二八	四八〇〇余	各一五万〇〇〇〇	三七万三一一〇	七万三一一〇
大隅	八	三七	四八〇〇余	—	—	—
薩摩	一三	三五	四八〇〇余	各　八万五〇〇〇	二四万二五〇〇	七万二五〇〇
壱岐嶋	二	一一	六二〇	正　一万一五〇〇 公　五万〇〇〇〇	九万〇〇〇〇	二万五〇〇〇
対馬	二	九	四二八	—	三九二〇	—

（出典）『和名類聚抄』による。

魏使が平戸島の海峡を通過して、大村湾ないし天草灘・早崎瀬戸経由で島原湾・有明海に進み、邪馬台国に入るコースをとったのを傍証するかのような遺跡・遺物がある。それは弥生時代の支石墓が、福岡県前原市《まえばる》（一六基、伊都国《いと》）→佐賀県唐津市（五八基、末盧国《まつら》）→長崎県松浦市（三基、?）→〈平戸〉→鹿町町《しかまち》（八基、?）→江迎町《えむかえ》（一一基、?）→諫早市《いさはや》（二〇基、?）→北有馬町（九〇基、?）の順に多く残存している点である（小城前掲書）。

このうち、島原湾・有明海沿岸では、諫早市・北有馬町（島原半島）で、さらに佐賀市（一七基、?）が目立つ存在である。この二市一町のうち、諫早市などを邪馬台国とみる宮崎康平氏の説もあるが、その地理的条件から一応除外するとしても、邪馬台国の「旁国《ぼう》」の範疇には入るはずである。なお、北有馬町が「旁国」の一つだったとしても、魏使がこの地を経由したうえで邪馬台国へむかったとは断定できない。それは『魏志』が狗邪韓国《くやかん》～投馬国《つま》以外の「其餘旁国、遠絶不可得詳」と記すように、直接訪れた形跡がなく、話で聞くか遠望したにすぎないからである。魏使が早崎瀬戸から島原湾に入った場合、むしろ宇土半島から肥後の熊本・菊池（玉名）平野沿いに有明海を北上、特定大河川の河口から溯った可能性が大とみるべきであろう。

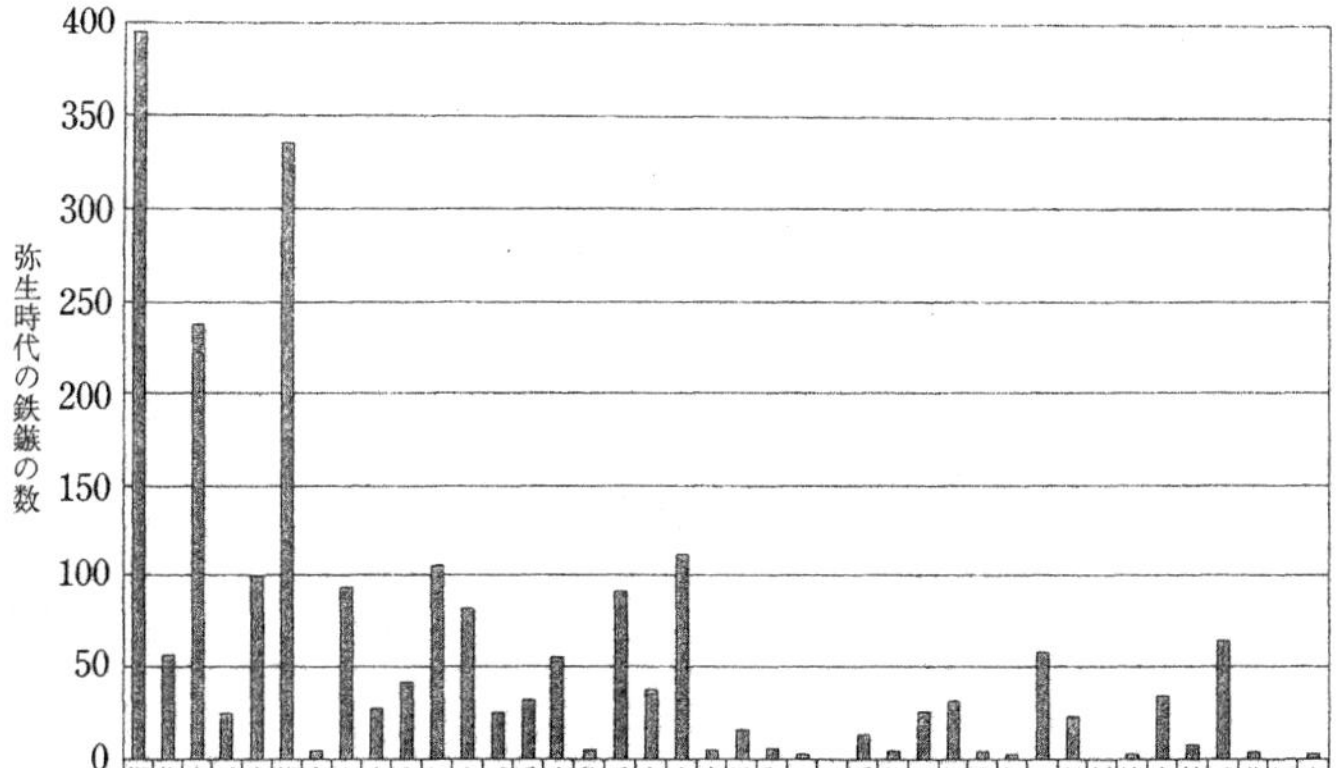

	福岡県	佐賀県	大分県	長崎県	宮崎県	熊本県	鹿児島県	山口県	島根県	鳥取県	岡山県	広島県	愛媛県	香川県	高知県	徳島県	兵庫県	大阪府	京都府	奈良県
■弥生時代の鉄鏃数	398	58	241	29	100	339	3	97	30	46	104	79	25	36	53	4	92	40	112	4

	滋賀県	和歌山県	三重県	岐阜県	愛知県	静岡県	長野県	福井県	山梨県	新潟県	石川県	群馬県	栃木県	埼玉県	東京都	神奈川県	千葉県	茨城県	福島県	宮城県
■弥生時代の鉄鏃数	13	5	3	0	11	3	27	32	2	1	55	21	0	1	37	7	63	3	0	1

図28　県別弥生時代の鉄鏃出土数（安本美典『「邪馬台国畿内説」徹底批判』2008年による）

先に、邪馬台国の領域を真円と仮定して、当時の里程で直径一五九〇里と算出してみたが、九州内陸部の地勢から楕円形（長円）とみるべく、これを補正すると大略二〇〇〇里程度となり、肥後の三角《みすみ》半島底部より筑後山門・三潴《みづま》両郡あたりにまで達しそうである。地形的には、隣接する肥前佐嘉・三根《みね》・養父《やぶ》・基肄《きい》郡をふくむべきだとの意見も出ようが、「旁国」の地名比定との関係からすれば削除せざるをえない。そのうえで、伊都国から「南」（東南）方向に位置し、邪馬台国の首都、女王卑弥呼の居所としての諸条件をみたす場所を選定する。『魏志』には、次の記事がある。

(A)　其国本亦以二男子一為レ王。住七八十

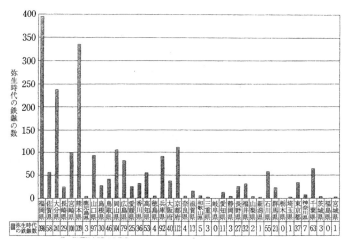

年。倭国乱。相攻伐歴年。乃共立二一女子一為レ王。名曰二卑彌呼一。事二鬼道一能惑レ衆。年已長大。無二夫壻一。有二男弟一。佐治レ国。自レ為レ王以来。少二有レ見者一。以二婢千人一自侍。唯有二男子一人一。給二飲食一傳レ辞出入。居處宮室樓觀城柵嚴設。常有レ人持レ兵守衛。

(B) 女王国東。渡レ海千餘里。復有レ国。皆倭種。又有二侏儒国一。在二其南一人長三四尺。去二女王(国欠)一四千餘里。又有二裸国・黒歯国一。復在二其東南一。船行一年可レ至。(中略)

(C) 卑彌呼以レ死。大作レ冢。徑百餘歩。徇葬者奴婢百餘人。更立二男王一。国中不レ服。更相誅殺。當レ時殺二千餘人一。復立二卑彌呼宗女壹與一。年十三。為レ王。国中遂定。政等以レ檄告二喩壹與一。

ここでは、(A)「其国」(女王国)も、本来また男子を立てて王とし、治政七、八〇年にして倭国に戦乱が起き(『後漢書』は「桓・霊之間、倭国大乱」と記す)、諸国が互いに攻めあって長年とどまることがなかった。そこで一人の女子を「共立」して王とし、その名を卑弥呼と呼んだ。「鬼道」(巫術《ふじゅつ》。原始的宗教の一つ)に仕えて、人びとをよく眩惑する。年すでに老齢にして夫(婿)はなく、男弟がいて国政を佐《たす》けている。王となって以来、これをみる者は少ない。婢一〇〇〇人を自分の周囲に侍らせ、ただ一人の男子が飲食を給し、

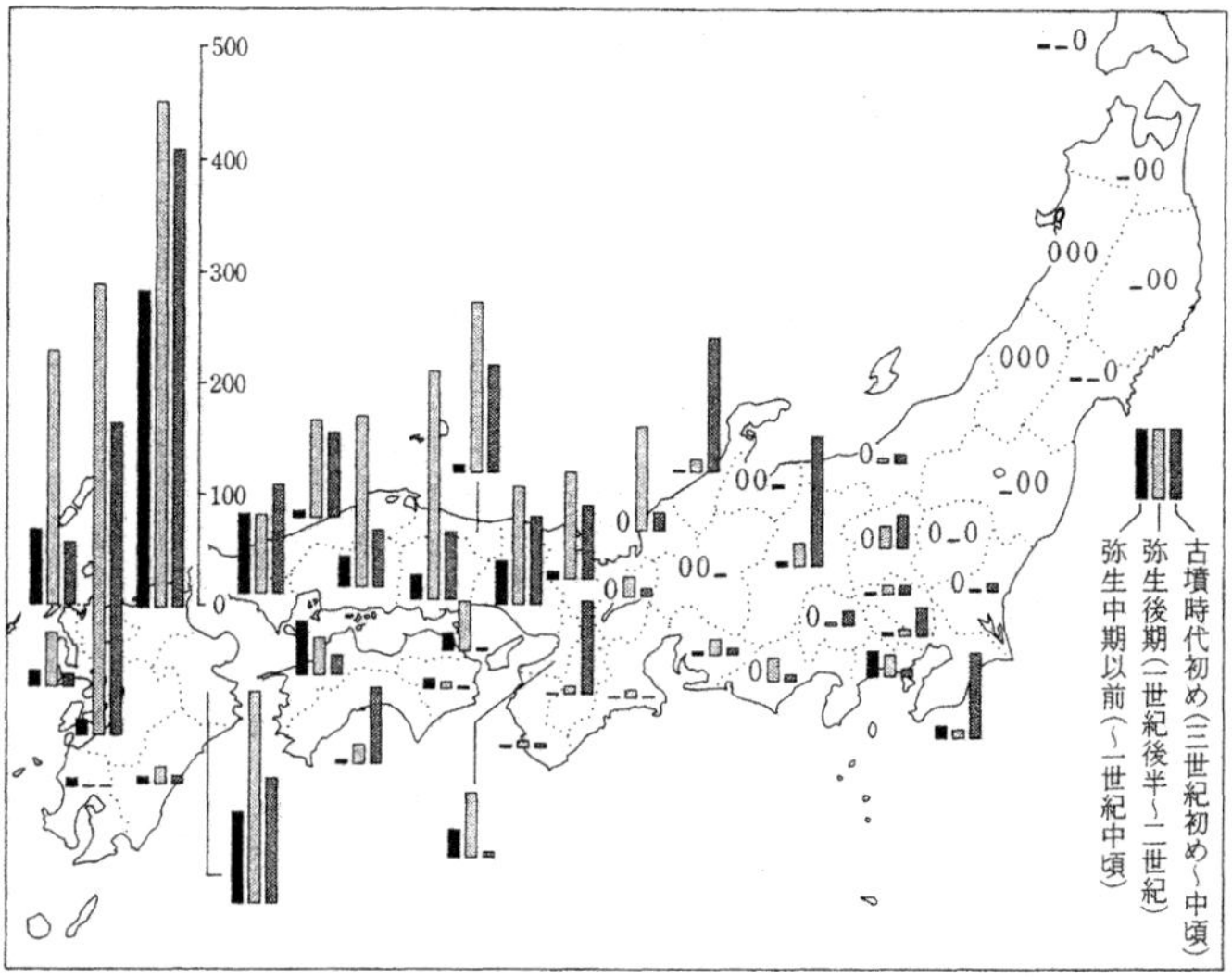

図29　県別鉄器出土数（寺沢薫『王権誕生』2000年による）

情報を伝えるため居室に出入する。卑弥呼の居所は宮殿・楼観（高殿、ただし物見櫓・祭殿との説も）・城柵は厳重に設備し、常に武器を持った兵士が守衛している。(B)女王国の「東」（東北）、海を渡ること一〇〇〇余里にして、また国があり、みな倭人と同種である。さらに、侏儒《しゅじゅ》（小人）国がその南（東南？）方にあり、身長は三、四尺である。これは女王国の境界を去ること四〇〇〇余里である。また、裸《ら》国・黒歯《こくし》国があるが、それまたその（女王国の）東南（東）にあり、船で行き一年間で到着できる。（中略）(C)ここにおいて、（正始九年〈二四八〉ごろ）卑弥呼が死んだので、大きな「冢《ちょう》」（広義の古墳、大きく高い墓）をつくった。径一〇〇余歩（約一四四メートル余）。殉葬（殉死）者は一〇〇余人にのぼる。卑弥呼の死後、男王を立てたが、国中（女王連合国の者）が服従せず、さらに殺戮がおこなわれて、当時一〇〇〇余人が殺された。そこで、卑弥呼の宗女（同族の女子）壱（台）与（年一三歳）を立てて王にし、ようやく国中が治まった。（帯方《たいほう》郡太守の属官で、郡使として伊都《いと》国に常駐した）張政が檄文をもって壱与に告喩した、というのである。

　これを要するに、(A)・(C)が女王卑弥呼の「居処」（「宮室・楼観・城柵」など）と死没（「冢」）および後継者、(B)が女王国以外の倭種ないしほかの国々、に関する記述である。ここでは(A)・(C)のカッコ（「　」）付の傍点個所を、人口や集落規模その他の諸条件とのからみで探りあてれば、邪馬台国の位置比定の問題は、ほぼ解決するわけである。その前に、(B)に関して若干ふれておこう。

　女王国の「東」（東北）方、一〇〇〇余里の倭人の国といえば、女王国の中心が北部九州か、中部九州かで若干異なるが、一般的には周防灘・豊後水道の対岸にあたる本州の周防、四国の伊予付近を越えることは難しい。『後漢書《ごかんじょ》』倭伝が「拘（狗）奴国に至る」とするのは、同書の著述が邪馬台国の東遷後の位置を基準にしたためで、内容的にも誤謬著しい。その倭人の国から南（東南）方、四〇〇〇余里といえば、豊後臼杵を通り越した場所となるが、現在の地名比定はできない。むしろ『魏略』の「倭の南に侏儒国有り」のとおり、方位変更せず、南方の種子・屋久・奄美大島方面に求むべきか。裸国・黒歯国は、女王国の東南（東）方、船行して一年間というのは、古田武彦氏のいう南米アンデス文明圏に求めるべきであろうか。いずれにせよ、(B)の記事は、女王国（邪馬台国）が九州内陸部における存在と矛盾するものではない。

次に、(A)の卑弥呼の「居處」の条件をみたすものは、肥前三根郡に立地する吉野ヶ里遺跡しか見あたらない。しかし、それも人口や集落その他立地条件で完全ではなく、(C)の卑弥呼の「冢」ではその規模から難点がある。むしろ邪馬台国の「旁国」の一つ、「弥奴国」説が有力かつ妥当性を持つようで、したがって保留せざるをえない。弥奴《みぬ》国＝吉野ヶ里遺跡中心説をとると、これに隣接して弥生時代の遺跡・遺物（支石墓＝一七基ほか）を豊富に出土する佐賀市域、特に佐嘉郡山田郷（同市大和町東山田の惣座遺跡）など、近くの金立町の徐福伝説とともに興味深いものがあるが、しかしこれは邪馬台国の広域性（七万戸）と近隣国（弥奴国）との関係から、「旁国」の地位を甘受すべきか。

ここで初めて、島原湾に入った魏使らとともに、宇土半島沿いから肥後・筑後のどの大河川の河口から内陸部に入るかという段階となった。まず、宇土半島の基部は、緑川とその支流が集中するところであるが、その本流を溯った山都《やまと》町（旧矢部町）など、その地名や御所塚（長六〇メートル、前方後円墳）から、邪馬台国との関連性をうかがわせるが、そのあまりの周縁部という地理的環境や遺跡・遺物の状況から、女王の居所をここに求めることはできない。それより下流域にある城南町の塚原上の遺跡や塚原古墳群の場合、その規模（方形周溝墓・前方後円墳・円墳など計五〇〇基）において想像を絶するものがあり、さらに八代市域も八代大塚古墳（長七七メートル、前方後円墳、女人頭部出土）やそれ以上の大規模古墳などが集中する。これが邪馬台国の中心でない以上、周縁部「旁国」の偉容を示すものとなろう。宇土市域の天神山古墳（長一一〇メートル、前方後円墳）以下の巨大古墳群は、その象徴的なものといえよう。

熊本平野を生み出す白川流域は、坪井川・井芹川などのそれとともに邪馬台国の中心部に近い地域で、その遺跡・遺物群も少なくない。服部四郎氏などは熊本平野を高く評価して熊本市域を比定したが（『邪馬台国はどこか』一九九〇年）、この地の著名なものに、弥生初・中期の江津湖・八ノ坪両遺跡などがある。

次に、菊池川沿いの玉名・山鹿・菊池の各市域を中心とし、これに鹿本《かもと》郡植木・菊池郡大津町・合志町などをふくめた菊池平野・台地などは、その遺跡・遺物の分布・出土状況からみて、邪馬台国の中心との関連性はどうなるであろうか。菊池川河口近くの玉名市や菊水町では、比較的大規模な初期古墳とみられるものが存在するが、かつて邪馬台国に比定する説も出た江田船山古墳などは、その時期が下降しすぎて除外されるが、近隣の松坂古墳（長一四〇メートル、前方後円墳）のごときは、女王卑弥呼の「冢」の径に近く、また背後の清原台地上の古墳群との関係も併せて検討されるべきである。

また、鹿央町の岩原古墳群のうち双子塚古墳（長一〇七メートル、前方後円墳）以下の円墳や厖大な数の横穴群、このほか菊池川の支流域にみる弥生遺跡や古墳群は、この地域についての先入的な後進性観念を一掃する内容を突きつける。菊池川上流域での最たる遺跡は、鞠智城と連続するうてな台地の想像を絶する遺跡群（環濠《かんごう》集落ほか）であって、台地下にひろがる広大な水田平野の眺望は圧倒的迫力を持つ。ここが肥後の中・北部と筑後を包摂する邪馬台国の内陸中央部の奥まった場所＝「台」（朝廷）として、一つの大きな候補地に挙げられるだろう。黛弘道氏は、鞠智城を狗奴国の勢力から守る、対南方前進基地の一つとみたが、私は邪馬台国の王都を構成する城郭と王宮を構成する場とみても、『魏志』の記事に矛盾はしないと考える。

菊池川河口を北上すると、小岱山の西部にも興味深い巨大な前方後円墳を中心とする古墳群が集中しているが、この小岱山一帯は、鉄器の一大生産地として、古代には九州内でも筆頭の地位を占めていた。おそらく、弥生・古墳時代にも遡りうるかと推測される。この地域の状況は、また福岡県の大牟田市域にも連なる。この先が矢部川の河口で、その上流域には、邪馬台国論争上の一つの中心地、筑後山門郡（柳川市域をふくむ）があり、特に弥生遺跡の女山神籠石の石垣の間から二、三世紀の銅矛が出土して注目されてきた。また、山川・立花・黒木・広川町や八女市などの厖大な数の古墳群以下の遺跡は、卑弥呼の冢などに比定する説も多い（権現塚古墳・高塚山など）。いずれも今後の再調査のうえ、肥後菊池郡山門郷との関連で統一的に把握すべきであろう。

かつて榎氏は、諫早経由で有明海を渡って矢部川河口にいたり、筑後山門郡と筑紫平野一帯を邪馬台国に比定したことがあるが、その後、植村清二氏のいう邪馬台国＝筑後御井郡説を承《う》けて、これを筑後川下流の久留米市御井付近へ移動させたのである。その中心をなすのが、神籠石を近くに持つ高良大社であった。高良山は中世にも懐良《かねよし》親王・菊池氏らが城郭として依拠し、近世初頭の豊臣秀吉の九州征討時に攻略すべき戦略拠点とされたし、この地一帯が古代の政治（国府）・軍事（城郭）・交通（駅路）上の要衝であることはよく知られている。そして、これに先行する時代の遺跡・遺物群にも事欠かない。しかし、果たして邪馬台国の首都だったか否かは、なお総合的な検証を要するが、この地が邪馬台国の領域における最重要拠点の一つだったことは疑いない。

筑後川の本流の北方、佐賀県三根《みね》郡（吉野ヶ里遺跡）・鳥栖《とす》市あるいは福岡県朝倉市（平塚川添遺跡など）が、邪馬台国のそれぞれ中心地域たりうるかは、その遺跡・遺物の広範な分布と質量の豊富さから、一概には否定できない。たとえば、平塚川添遺跡は低地すぎるという軍事上の地利的条件に疑問はあるが、祭殿・物見台・柵・首長館・竪穴住居址を持つ環濠集落であって、王都の条件をある程度そなえている。しかし、これとても、邪馬台国が古代の国郡制成立前の筑紫と呼ばれて、肥後・筑前などの区分がない時代、戸数七万戸にのぼる広域の邪馬台国の首都であったと断定するには多少検討の余地もあり、「『旁国』と狗奴国」の章でふれたように「旁国」の一つとして繁栄をみた地域とするのが、その地名比定から妥当かもしれない。

結論的には、女王（邪馬台国）の領域は、肥後の中・北部〜筑後を包摂する一帯で、その女王卑弥呼の居所（首都）は、地理的にみて領域の中央部に近く、その第一候補が菊池川流域の鞠智城とうてな台地、第二候補は女山ないし高良山付近の台地とみるべきで、年代の推移、それも戦乱や政治的変動などによって首都の移転がみられた可能性は当然、大というべきであろう。

あとがき

本書は、まず第一に、従来の邪馬台国研究に関する学説史を要約的に紹介することから始めたが、ここでは先学の論文蒐集・学説整理の仕事に多く依拠《いきょ》している。近年には考古学的発掘などの累積にもとづき新説が次々と出され、それをめぐる激しい論争も展開されているが、私はこれに直接踏み込むことは避け、できるだけ客観的な資料提示による立論を旨とした。多くの人びとは、本書にみる学説史によって邪馬台国の位置・構造・歴史的意味をつかみ、諸学説が必ずしも確乎《かっこ》不動のものではなく、一定の流動性をもつことを知るはずである。

第二に、邪馬台国問題は、その場所確定がすべての議論の大前提であり、その上に立って日本の国家形成の原初形態・構造特質を把握すべきである。そこで、魏使が邪馬台国にいたる通路とその領域を確定するための方法論を、学説史をふまえて追い求め、これによって邪馬台国への道と領域の規模を措定《そてい》しようとした。

第三に、邪馬台国と推定される九州の中央地帯――肥後中・北部および筑後――の遺跡・遺物を、その大河川と支流・末流地域ごとに検討するとき、地域の人口配置や経済・文化水準を推測する手がかりが得られる。これによって、この地域が邪馬台国時代におて畿内地方に何ら遜色のない基盤をもち、それもこれまで九州北部を重点的に論じたため比較的等閑視《とうかんし》されがちだった、九州中部の位置づけが判明するはずである。

第四に、邪馬台国の首都・領域ともに、その周辺地域の「旁国《ぼうこく》」および狗奴《くぬ》国の所在地をも明らかにしなければならない。「旁国」の比定は、その中国古代における発音を日本の所在地名に訓《よ》み換えることから、各研究者間の意見に大きな懸隔《けんかく》が出て収拾がつかず、それだけに、各自の成果に対する信頼性がゆらぐこともあった。このため、本書では、確実と思われる所在地はそのまま記し、それ以外は単に推測・不明を明記して、全体的な措定は避けた。特定部分がある程度措定できれば、それで論理上充分だからである。狗奴国については、考古学研究者のなかには、現在、濃尾平野説などが有力のようではあるが、ここでは九州南部の熊襲《くまそ》・隼人《はやと》などの居住地を措定せざるをえなかった。

第五に、邪馬台国の領域は推認できるとしても、王都がどこかの論証がむずかしいので、

『魏志』倭人伝の記事中、女王の居所である「宮室・楼観・城柵」および「径百余歩」の「冢《つか》」などに求めることにした。この場合、宮室・城郭・古墳（長一四〇メートル）を指標として探索し、従来の常識とは異なるが、第一候補を九州中央部の鞠智城《くくちのき》とうてな台地、第二候補を同北部の筑後女山《ぞやま》ないし高良山《こうらさん》の台地とみて、これらが三世紀の戦乱や政治的変動などで遷都した可能性があることを推測した。

本書の脱稿直後、著名な古代史家、門脇禎二氏の訃報に接するとともに、その遺著『邪馬台国と地域王国』（二〇〇八年六月、吉川弘文館）の刊行を知った。同氏は、京都大学の大学院演習（小林行雄氏）に参加して以来、邪馬台国＝畿内大和説の立場から著書・論文を発表され、その検証の過程で「大和説であることに、しだいに不安」が募り、考古学・文献史学を摂取することを通じて、ついに「邪馬台国―女王国の九州説に辿りついた」とされる。その論述内容には、逝去直前までの病床における文献史学者の苦悩と、真理追究への学問的誠意がにじみ出ている。もっとも氏は、邪馬台国の南限を菊池川に求め、これが最近の九州説の一つの見解でもあるが、拙論とはやや異なる部分である。また、本書の校訂中に、直木孝次郎『邪馬台国と卑弥呼』（『直木孝次郎　古代を語る』一、二〇〇八年一一月、吉川弘文館）が刊行されたが、高名な古代史家の邪馬台国＝畿内説が多彩に提示されていて、啓発されるところ多大である。

いずれにせよ、邪馬台国＝九州説は、畿内説との論争などを止揚《しよう》したうえで、その首都と領域をめぐる議論を優先させ、また、東遷論などの緻密な実証化に努むべき段階に達しているように思われる。本書の内容は、邪馬台国へ魏使がたどったコース確定のための資料提示という、研究の入口に差しかかったものにすぎないが、今後は多くの批判に接したうえで、全然ふれなかった邪馬台国の政治・社会・文化論を歴史具体的に書くべきかと考えている。

これまで、近世の交通史分野から出発し、その問題関心を他時代・他分野の研究領域にもひろげたい私にとっては、最終的には日本国家の起源から現代までを直接通観することが目標でもあった。しかし、自分の能力では到底不可能ながら、何とか継ぎはぎでも実現したいものとの幻想が、その一つの推進力となってきたようにも思われる。そのなかで、特に古代の律令官道についての研究進展は、私にとって大きな刺戟となった。前漢以来、中国王朝に朝見（朝貢）してきた倭国の人びとが、早くから中華文明を受容・摂取しないはずはなく、律令官道の前身もすでに邪馬台国時代には部分的ながら形成していたものと推測され、これが魏使のコースを考えるうえで大いに役立った。

この調査に際しては、熊本県文化財資料室野田拓治氏（資料提供）、同県玉名市教育委員会社会教育課（同）、福岡県教育庁文化財保護課磯村幸男氏他（同）、熊本県益城町・美並磐氏（遺跡巡回・熊本県、資料提供）、郵便史研究会会長藪内吉彦氏（同・纒向遺跡、資料提供）、熊本県玉名市立願寺三浦直歳氏（ご教示）、古代交通学会長木下良氏（同）、日本鉱業史研究会長井澤英二氏（同）、西南学院大学元教授長洋一氏（同）、『肥後路の旅・邪馬台国を訪ねて』の著者小城光弘氏（同）、その他多くの方々に大変お世話になった。篤くお礼申し上げる。

二〇〇九年一月

丸　山　雍　成

著者紹介

一九三三年、熊本県に生まれる

一九五七年、東北大学文学部国史学科卒業

現在、九州大学名誉教授

主要著書

近世宿駅の基礎的研究(第一・第二) 日本近世交通史の研究 封建制下の社会と交通 参勤交代 九州・その歴史展開と現代

歴史文化ライブラリー

268

邪馬台国 魏使が歩いた道

二〇〇九年(平成二十一)四月一日 第一刷発行

著　者　丸《まる》山《やま》雍《やす》成《なり》

発行者　前田求恭

発行所　株式会社　吉川弘文館

東京都文京区本郷七丁目二番八号

郵便番号一一三—〇〇三三

電話〇三—三八一三—九一五一〈代表〉

振替口座〇〇一〇〇—五—二四四

http://www.yoshikawa-k.co.jp/

印刷＝株式会社 平文社

製本＝ナショナル製本協同組合

装幀＝清水良洋

歴史文化ライブラリー

1996.10

刊行のことば

現今の日本および国際社会は、さまざまな面で大変動の時代を迎えておりますが、近づきつつある二十一世紀は人類史の到達点として、物質的な繁栄のみならず文化や自然・社会環境を謳歌できる平和な社会でなければなりません。しかしながら高度成長・技術革新にともなう急激な変貌は「自己本位な刹那主義」の風潮を生みだし、先人が築いてきた歴史や文化に学ぶ余裕もなく、いまだ明るい人類の将来が展望できていないようにも見えます。このような状況を踏まえ、よりよい二十一世紀社会を築くために、人類誕生から現在に至る「人類の遺産・教訓」としてのあらゆる分野の歴史と文化を「歴史文化ライブラリー」として刊行することといたしました。

小社は、安政四年(一八五七)の創業以来、一貫して歴史学を中心とした専門出版社として書籍を刊行しつづけてまいりました。その経験を生かし、学問成果にもとづいた本叢書を刊行し社会的要請に応えて行きたいと考えております。

現代は、マスメディアが発達した高度情報化社会といわれますが、私どもはあくまでも活字を主体とした出版こそ、ものの本質を考える基礎と信じ、本叢書をとおして社会に訴えてまいりたいと思います。これから生まれでる一冊一冊が、それぞれの読者を知的冒険の旅へと誘い、希望に満ちた人類の未来を構築する糧となれば幸いです。

吉川弘文館

〈オンデマンド版〉
邪馬台国 魏使が歩いた道

On Demand
歴史文化ライブラリー
268

2019年（令和元）9月1日　発行

著　者　丸《まる》山《やま》雍《やす》成《なり》
発行者　吉川道郎
発行所　株式会社　吉川弘文館
〒113-0033　東京都文京区本郷7丁目2番8号
TEL　03-3813-9151〈代表〉
URL　http://www.yoshikawa-k.co.jp/

印刷・製本　大日本印刷株式会社
装　幀　清水良洋・宮崎萌美

丸山雍成（1933～）

ISBN978-4-642-75668-6